AF321021

Lieutenant L. LASSENCE

du 40ᵉ Régiment d'Infanterie

A Travers

LA

Question d'Orient

ANGOULÊME

IMPRIMERIE MILITAIRE DU SUD-OUEST

L. COQUEMARD & Cᴵᴱ

1910

A TRAVERS
LA QUESTION D'ORIENT

CHAPITRE PREMIER

Généralités Géographiques

LA PÉNINSULE DES BALKANS — DÉFINITIONS —
LIMITES — DIMENSIONS.

La chaîne de montagnes qui donne son nom à
la plus orientale des grandes péninsules médi-
terranéennes n'a qu'une faible importance dans
l'ensemble de son orographie, et l'on s'explique
mal le choix du géographe qui s'est, le premier,
servi de cette dénomination. Son embarras a,
d'ailleurs, dû être grand. La « péninsule des
Balkans » n'a rien, en effet, de l'unité et de l'homogénéité de la plupart de nos pays occidentaux.
Elle n'est, à proprement parler, qu'une fiction
géographique et une invention politique, et il
était, par suite, presque impossible de réunir

1

sous une appellation commune un tel chaos de massifs montagneux, de plaines, de golfes, d'îles et de presqu'îles, de races, de religions et de nationalités.

A l'Est, au Sud et à l'Ouest, la péninsule des Balkans est baignée par la mer. Du côté du Nord sa limite est, par contre, assez incertaine. On a adopté généralement pour la jalonner les cours de l'Una, de la Save, et du Danube et le revers oriental et méridional des Carpathes. La superficie de l'étendue ainsi déterminée est voisine de celle de la France (575.000 kilomètres carrés au lieu de 536.408).

APERÇU GÉOLOGIQUE.

La péninsule comprend essentiellement un massif ancien qui en occupe le centre : c'est le socle archéen du plateau de Moesie, avec ses prolongements, le Rhodope et le Despoto-Dagh. Contre lui sont venus buter, d'une part les derniers soulèvements des Alpes orientales, déjà infléchis par le massif ancien de Croatie, d'autre part, la poussée carpathique, déjà déviée par le massif ancien du Banat.

Ainsi se sont constituées dans la péninsule deux régions bien différentes :

1° *Une région occidentale*, en majeure partie composée de terrains secondaires, et plissée de l'Illyrie au Péloponèse en alignements parallèles dirigés du Nord-Ouest au Sud-Est le long de la mer Adriatique : celle-ci les a entaillés d'échancrures profondes et déchiquetés par endroits en véritables chapelets d'îles. (Brazza, Lésina, Bouches de Cattaro, Golfes d'Arta, de Patras, de Corinthe, d'Arcadie).

2° *Une région orientale* plissée dans la direction générale Est-Ouest, avec prédominance de terrains anciens, et nombreux effondrements. Elle est bordée au Nord par les dépôts crétacés de la fosse danubienne et peut, à son tour, se subdiviser en deux régions, savoir :

a) *Le massif ancien du plateau de Mœsie*, qui couvre la Serbie, la Macédoine, et la Thrace;

b) *La chaîne des Balkans* et la *fosse danubienne.*

a) *Plateau de Mœsie.*

Le plateau de Mœsie, nœud à la fois géologique, orographique et militaire de toute la péninsule, est un socle archéen traversé par une dépression longitudinale où coulent en sens inverse, et sans qu'aucun faîte les sépare, la Morava, affluent du Danube, et le Vardar, le fleuve de Salonique. Ces deux rivières traversent une série de bassins d'effondrement, analogues à celui qui a donné naissance à la mer

Egée actuelle, et dont quelques-uns sont occcupés par des lacs tertiaires.

A l'Est de Vardar se dresse la masse de gneiss et de granit du Rhodope, sorte de pénéplaine d'une altitude moyenne de 1000 mètres, d'aspect assez monotone, dominée par quelques cîmes d'environ 3.000 mètres.

b) *Chaîne des Balkans.*

Plus au Nord, se dresse la chaîne des Balkans. Antérieurement à la poussée carpathique, le massif du Rhodope s'étendait jusqu'au Danube actuel, et même au-delà; il s'était, d'ailleurs, au cours des siècles, plus ou moins disloqué et compartimenté. La poussée carpathique, en heurtant le front Nord de ce socle rigide, en plissa les premiers éléments. Ainsi se souleva la ride balkanique, que vint border au Sud la grande cassure allongée de l'Est à l'Ouest, où coule la haute Toundja. Au delà se releva l'anticlinal de la Sredna-Gora, ou Anti-Balkan.

Cette orogénie explique la chute abrupte du Balkan sur son front Sud et la pente plus douce de son versant Nord, que recouvrent, d'ailleurs des sédiments crétacés; ce sont les terrasses de Bulgarie qui, plus loin, tombent brusquement sur le limon récent du centre de la vallée danubienne.

Bassins d'effondrement.

Le plissement des Balkans a eu pour contre-partie l'affaissement d'un certain nombre de bassins; des dépôts alluvionnaires ont ultérieurement recouvert le fond de ces dépressions qui sont maintenant devenues de riches plaines agricoles.

Les trois principaux bassins d'effondrement ainsi constitués sont :

1o Au Nord-Ouest, sur le flanc du massif, à sa jonction avec les derniers éléments de la poussée carpathique, le bassin de Sofia, remarquable par ses sources chaudes;

2o Entre l'Anti-Balkan et le Rhodope, le bassin de la haute Maritza ou de Philippopoli;

3o Sur la basse Maritza, à la suite du précédent, le bassin d'Andrinople, isolé de la mer Noire et de la mer de Marmara par une bordure de collines tertiaires.

Péninsule hellénique

La Grèce est l'aboutissement de tout le système; l'extrémité des alignements dinariques vient s'y heurter à des îlots de terrains anciens. Dislocations, soulèvements, effondrements de toute nature et de tout âge y abondent : Cette terre tourmentée dès l'origine des époques géologi-

ques a encore été remaniée par des cataclysmes
récents : le plus important est l'affaissement,
postérieur au tertiaire, de la mer Egée. Les bassins d'effondrement se sont d'ailleurs multipliés
en Grèce; mais au lieu de se trouver isolés à
l'intérieur des terres, ils ne sont généralement
circonscrits qu'en partie, et un grand nombre
aboutissent directement à la mer qui y pénètre en golfes plus ou moins profonds : (Golfe
de Volo — plaines du Céphise et du Copaïs,
golfe d'Egine — dépression du Sperchios, etc...)

« Ces bassins, sous le chaud soleil du Midi,
« avec leurs hivers doux et pluvieux, suivis d'étés
« brûlants, deviennent des territoires très fertiles.
« De sorte que la Grèce offre les contrastes les plus
« extrêmes dans le relief, le contour, le climat
« et les conditions de la vie. Des montagnes
« véritablement alpestres, des déserts de pierre
« difficilement accessibles, où les eaux se per-
« dent après avoir formé des marécages aux
« exhalaisons pernicieuses, côtoient des districts
« de riches moissons où s'étale la végétation du
« Midi, et que découpent de nombreuses baies
« d'aspect facile. En somme, comme l'a dit M.
« Philippson, une foule de districts séparés et
« de paysages contrastants, le tout inondé de lu-
« mière par un clair soleil, tel est le caractère
« de la Grèce méridionale, et le principe de son
« développement » (1).

(1) De Lapparent. — Leçons de géographie physique, p. 531.

CLIMAT. — HYDROGRAPHIE. — RESSOURCES DIVERSES.

Climat.

Ce morcellement infini, cette variété un peu chaotique, cet enchevêtrement que nous avons constatés dans la description physique des grandes régions de la péninsule des Balkans, nous les retrouverons dans l'étude de son climat. Rien n'est plus variable que les conditions de chaleur et d'humidité que l'on y observe; et l'on peut seulement dire que, d'une façon générale, le climat devient de plus en plus doux en allant du Nord-Est au Sud-Ouest. Ainsi les grandes plaines du Nord-Est, que ne défend aucun obstacle contre les vents glacés des steppes russes, ne sont visitées par aucun vent pluvieux et présentent, au point de vue du climat, toutes les caractéristiques des grandes étendues continentales : étés brûlants, hivers rigoureux, abondantes chutes de neige. A l'autre extrémité, les côtes dalmates et grecques jouissent de toutes les faveurs des climats méditerranéens : les amandiers y fleurissent en décembre; les caroubiers, les lauriers, les citronniers y poussent en pleine terre; l'hiver y est presque un printemps.

Hydrographie.

Même variété dans l'hydrographie. Les rivières les plus importantes sont celles qui rayonnent autour du plateau de Mœsie. Mais celles-là même sont moins des fleuves que de simples torrents au débit inconstant, au cours parsemé de rapides; quelques-uns, trop maigres pour parvenir jusqu'à la mer, se perdent dans des lagunes intérieures; aucun n'est navigable, la plupart n'ont pas d'eau pendant une partie de l'année.

Productions.

Les productions du sol varient parallèlement aux modifications du climat. Au Nord-Est, la plaine uniforme de la Valachie et la zone plus accidentée de la Moldavie possèdent la végétation des pays de l'Europe Centrale; céréales, forêts de sapins ,de mélèzes, de pins, de bouleaux. A côté de ces productions, nous trouvons déjà le maïs, les arbres fruitiers, la vigne, dans les riches plaines agricoles de Sofia, d'Andrinople, de Philippopoli. Peu à peu, par transitions insensibles, apparaissent, à mesure que l'on descend vers le Sud, les caractéristiques de la flore méditerranéenne, l'oranger et l'olivier dès la Macédoine, le palmier dans l'Archipel, le riz, le tabac, le coton en Turquie.

Richesses du sous-sol.

A côté des ressources agricoles, il convient de signaler, bien que leur exploitation soit

encore rudimentaire, les richesses considérables
du sous-sol : en Roumanie, l'or, l'argent, le plomb,
le cuivre, le fer ; le long des Carpathes, une bande
d'anthracite, de houille, de lignite, et des gisements pétrolifères ; en Serbie, du plomb argen-
tifère, du cuivre, du fer, de l'or, de la houille.

IMPORTANCE ÉCONOMIQUE DE LA PÉNINSULE.

Ces ressources abondantes expliqueraient à
elles seules les convoitises qui, de toutes parts,
et de tous temps furent dirigées vers la péninsule.

Mais ces circonstances déjà si favorables ne
sont que secondaires, et l'importance exceptionnelle de ces régions (1) vient avant tout de leur
situation même. C'est, en effet, par la Turquie
d'Europe et l'Asie Turque que, suivant l'expression d'Elisée Reclus, les deux continents « s'a-
vancent au-devant l'un de l'autre ». « Ainsi, ajou-
« te-t-il, deux axes se croisent en cette région
« de l'ancien Monde, celui des masses continen-
« tales et celui des mers intérieures. A la fois
« Isthmes et détroits, le Bosphore et les Darda-
« nelles servent en même temps de chemins aux
« flottes de commerce et de lieux de passage
« aux mouvements des peuples de continents à
« continent ». (2) Or, ce nœud de communications

(1) Napoléon considérait Constantinople comme la « clef du
monde. »
(2) Elisée RECLUS. — *Géographie Universelle*. — L'Europe
méridionale, p. 130.

se trouve par surcroît à peu près au centre de l'ancien continent, à proximité de pays riches, de civilisations brillantes, centres perpétuels de rayonnement et d'échanges. Sans doute, la plupart de ces pays sont actuellement en décadence. Un déboisement irréfléchi, l'abandon du système d'irrigation artificielle ont appauvri l'Asie Turque, et transformé en désert la luxuriante Mésopotamie; l'incurie et le fatalisme turcs en ont achevé la ruine. Peu à peu, le commerce s'en est détourné, pour chercher ailleurs, par le Cap de Bonne-Espérance, et, plus récemment, par le canal de Suez, la route des Indes et de l'Extrême-Orient.

Mais un avenir prochain peut rendre à ces pays leur splendeur passée. L'irrigation, le reboisement, rappelleront à la vie des étendues maintenant désertes, jadis peuplées et fertiles. Leurs richesses minières contribueront aussi à y attirer des capitaux (1). On reviendra peu à peu à cette route, qui est la plus courte, vers les Indes, et que sillonnera tôt ou tard le fameux chemin de fer de Bagdad.

ETHNOGRAPHIE

Cette situation exceptionnelle de la péninsule des Balkans, au carrefour des routes d'Europe et d'Asie, explique à la fois son importance éco-

(1) On y a découvert en particulier des gisements pétrollfères qui passent pour être plus abondants que ceux de Bakou.

nomique et l'infinie complexité des groupements qui la peuplent : de fait, les 20 millions d'habitants qu'elle possède appartiennent aux races et aux nationalités les plus diverses.

C'est que, depuis les temps les plus reculés de la préhistoire, toutes les invasions sont passées par là ; tous les envahisseurs s'y sont successivement établis, mais sans jamais en chasser entièrement ceux qui les y avaient précédés, et qui parvenaient toujours, grâce à l'infini morcellement de cette terre à compartiments, à se maintenir en tribus plus ou moins nombreuses, dans quelques cantons de défense facile. « Ainsi, suivant l'expression de M. Schrader, ce chaos « de régions séparées est devenu naturellement « un chaos de races ».

Nous y trouvons aujourd'hui : (1)

des Albanais ;

des Grecs ;

des Roumains ;

des Slaves ;

des Turcs ;

des Juifs.

Les Albanais ou «Chkipetares» (2) descendent probablement des anciens Pélasges. La race actuelle est d'ailleurs loin d'être homogène. On y distingue deux types principaux : les Guègues

(1) Pour ne citer que les principales races.

(2) De Chkiperi, littéralement — « pays des rochers, » — nom qu'ils donnent eux-mêmes à leur patrie.

au Nord, les Tosques au Sud; mais chez les Guègues eux-mêmes, dont la race a conservé une pureté relative, on retrouve la trace de croisements avec des éléments slaves, bulgares et roumains. La langue des Albanais, laquelle comporte plusieurs dialectes nettement différenciés, est vraisemblablement d'origine asiatique, avec adjonction d'assez nombreux radicaux slaves, grecs et latins. Tous les Albanais ne professent pas la même religion : les Tosques sont grecs orthodoxes (100000 environ); les Guègues sont Musulmans, (1 million) avec une minorité de 120.000 catholiques. L'ensemble peuple l'Albanie, province montagneuse située entre le Pinde et l'Adriatique, le lac de Scutari et le golfe d'Arta. Quelques-uns de leurs groupements se sont également établis dans l'Attique, l'Isthme de Corinthe, l'Argolide et le Péloponèse. Isolés dans des vallées profondes, divisés en tribus souvent rivales, ils n'ont jamais eu qu'un contact intermittent avec l'autorité du Sultan. Aussi ont-ils conservé jalousement leurs traditions, leurs mœurs, et un irréductible esprit d'indépendance. Ces raisons suffisent à expliquer, — en dehors de l'hypothèse officiellement démentie et cependant plausible d'une intervention autrichienne — la violence du mouvement insurrectionnel à tendances séparatistes qu'a provoqué en Albanie la proclamation de la nouvelle constitution turque; elles font comprendre aussi les difficultés de la répression.

Les Grecs modernes sont les descendants de ces Hellènes dont la civilisation a rayonné d'un si vif éclat sur le monde ancien. Malgré de nombreux croisements avec les différentes races qui ont successivement dominé la péninsule, ils ont conservé la langue de leurs ancêtres et la tradition de leur nationalité à travers les hasards de la conquête et d'une longue servitude. Ils occupent le territoire de l'ancienne Grèce, l'île de Crète, et ont, en outre, couvert de leurs colonies tous les rivages de l'Archipel jusqu'au Bosphore. Ils forment notamment des agglomérations importantes en Macédoine, en Thrace, et dans tous les environs de Constantinople. Ils ont hérité de leurs lointains ancêtres l'aptitude au commerce et le goût des choses de la mer.

Les Roumains descendent des colons militaires romains établis par Trajan sur cette frontière de l'Empire, et qui, se mêlant aux familles indigènes, y fondèrent une race nouvelle. Les Roumains actuels parlent encore une langue où les radicaux latins abondent; leur aspect extérieur, leurs habitudes, leur manière de vivre rappellent leurs origines. Ils sont en grande partie de religion grecque orthodoxe.

Les Slaves se subdivisent en *Serbes* et en *Bulgares*.

Les Serbes habitent les vallées des affluents de la Save et des deux Morava. (Serbie — Mon-

ténégro — Bosnie — Herzégovine — etc.,...).
Ils sont en très grande partie grecs orthodoxes.

Les Bulgares occupent la Bulgarie, la Roumélie Orientale et la plus grande partie de la Macédoine où ne subsistent que de rares îlots de population turque. Ils sont grecs orthodöxes. Certains ethnographes leur attribuent une origine touranienne dont la race se serait perdue à la suite de croisements successifs avec les éléments slaves du Sud; ils seraient, dans cette hypothèse, proches parents des Hongrois et des Turcs. D'autres auteurs les considèrent comme des Slaves dont la race aurait été légèrement altérée par des croisements avec les races touraniennes de l'Oural et des Balkans. En tous cas, leur langue, leur religion, leurs traditions, leurs tendances actuelles les rapprochent nettement des Slaves, et ils sont considérés comme tels par les Russes aussi bien que par les Serbes.

Les Turcs sont les derniers venus et les dominateurs actuels de la péninsule des Balkans. Ils y ont paru pour la première fois au XIIe siècle. Leur race est composite, mélangée de turc, de tartare, de finnois, en tous cas d'origine nettement asiatique, comme la langue qu'ils parlent. Ils sont mahométans. Un peu indolents d'esprit et de corps, profondément fatalistes, ils n'ont jusqu'ici opposé que peu de résistance à l'envahissement progressif de concurrents plus énergiques. Après avoir occupé en maîtres la péninsule, ils en ont été peu à peu repoussés vers l'Asie, leur pays d'origine. Ils ne constituent guère en ce moment dans les Balkans que quelques îlots aux abords des grandes cités, et l'on peut se demander si la rénovation politique qui les transforme en ce moment suffira à leur rendre leur hégémonie perdue.

Les Juifs forment des groupes compacts en Roumanie et dans les grandes villes, en particulier à Constantinople et à Salonique, où ils composent plus de la moitié de la population.

CHAPITRE II

Généralités Historiques

APERÇU HISTORIQUE.

« L'histoire de la péninsule des Balkans n'est, suivant une expression heureuse, que la longue suite des réactions de ces races les unes sur les autres ».

L'Empire d'Orient, l'un des deux tronçons de l'Empire Romain, maître des Balkans et de l'Asie Mineure, s'épuisa assez rapidement dans les querelles intérieures et les luttes aux frontières à la fois contre les Turcs qui apparaissaient à l'Orient, contre les Serbes, qui interceptaient à l'Occident, ses relations avec l'Europe, enfin contre les Croisés qui en faisaient « leur grand chemin vers la « Terre Sainte », et réussirent même à implanter à Constantinople pendant l'espace de cinquante ans une éphémère dynastie latine. Ainsi affaibli de toutes parts, il fut bientôt réduit à peu près aux possessions turques actuelles, et ne tarda pas à tomber entre les mains des Turcs. La lutte fut courte. En 1453, Constantinople, dernière citadelle de l'Empire byzantin, succombait à son tour : les routes du plateau de

Mœsie étaient désormais ouvertes; successivement, la Bosnie, l'Herzégovine, l'Albanie, la Valachie furent conquises.

Les Sultans s'attaquèrent alors à l'Europe, et la chrétienté occidentale, qui n'avait rien fait pour empêcher la chute de l'Empire Grec, faillit, à son tour, subir la revanche des croisades.

Soliman le Magnifique, qui régnait au temps de François 1er et de Charles Quint, envahit la Hongrie, puis, en 1529, s'avança jusqu'à Vienne. Cependant ses galères, maîtresses de la Méditerranée, s'emparaient de Tunis et d'Alger.

L'Europe, comprenant enfin le danger, unit ses forces. Don Juan d'Autriche, à la tête des flottes alliées d'Espagne, de Venise et de Gênes, anéantit la flotte turque en 1571, à la bataille de Lépante. Mais cet échec ne découragea pas longtemps les Sultans qui s'acharnèrent à l'assaut de l'Europe Centrale. La bataille du Saint-Gothard, en 1664, ne brisa pas leur élan. En 1683, ils assiégeaient de nouveau Vienne, que vint délivrer le roi de Pologne, Jean Sobieski.

La revanche de l'Europe commençait. Bientôt après, en 1699, les Turcs étaient contraints d'abandonner par la paix de Karlowitz, leurs possessions au Nord du Danube à l'exception du Banat et de la Valachie, que leur enlevait, d'ailleurs, bientôt après, en 1718, le traité de Passarowitz. Les traités de Roustchouk-Kaïnardji

(1774) et de Bucarest (1812) marquaient un nouveau recul de leur puissance.

Elle devait être à nouveau diminuée au XIXᵉ siècle par le réveil victorieux des nationalités encore asservies, que l'Europe, et particulièrement la Russie ne cessèrent d'ailleurs d'encourager dans leur lutte pour l'indépendance. C'est ainsi que la Grèce et la Serbie s'affranchirent les premières après une lutte opiniâtre (traité d'Andrinople, 1829) (1). Puis vint le tour de la Moldavie, de la Valachie et du Monténégro (Traité de Paris, 1856). Enfin, la sanglante campagne de 1877-1878 permit à la Russie victorieuse d'imposer un instant à la Turquie le désastreux traité de San Stefano qui équivalait à un véritable démembrement de l'Empire. Mais la part de la Russie était cette fois trop belle pour ne

(1) L'année 1829 faillit d'ailleurs, voir le partage de l'empire Turc : la Russie y était décidée ; de son côté le gouvernement français avait fait secrètement au tzar, quelques mois avant la signature du traité d'Andrinople, les propositions suivantes, connues sous le nom de « plan Polignac », et qui, malgré leur apparence utopique, se seraient peut-être en partie réalisées sans l'opposition de l'Angleterre et de l'Autriche :

« Les Turcs seraient expulsés de la péninsule des Balkans. — la Russie s'approprierait la Moldavie et la Valachie — l'Autriche aurait la Serbie, la Bosnie, l'Herzégovine et la Dalmatie turque ; tout le reste de la péninsule formerait avec la Grèce un État nouveau où serait appelé le souverain des Pays-Bas, dont le royaume serait également démembré ; les provinces néerlandaises seraient données à la Prusse (qui obtiendrait aussi la Saxe) ; la Belgique à la France ; la Prusse Rhénane serait adjugée au roi de Saxe. — On offrirait à l'Angleterre les colonies Hollandaises : enfin, les états barbaresques deviendraient indépendants. »

(LAVISSE et RAMBAUD, Histoire Générale du IVᵉ siècle à nos jours, Tome X, p. 201. Note 1.)

pas inquiéter l'Europe et, en particulier, l'Angleterre et l'Autriche. Bien décidées à ne pas tolérer une telle rupture d'équilibre au profit de la Russie, elles parvinrent à obtenir la Réunion à Berlin d'un Congrès international chargé de reviser les clauses du traité de San Stefano.

LE TRAITÉ DE BERLIN.

La Russie dut se soumettre et accepter le traité de Berlin, élaboré par le Congrès. Légèrement modifié en 1897 à la suite de la guerre turco-grecque, il était resté jusqu'aux événements de ces deux dernières années la charte politique de la péninsule. Il est donc intéressant d'en rappeler ici les clauses principales :

Indépendance de la Serbie et de la Roumanie, qui se constituèrent respectivement en royaumes en 1880 et 1881.

Constitution, sous le suzeraineté de la Porte, de deux principautés autonomes : la Bulgarie et la Roumélie Orientale (réunies en 1885).

Extension territoriale et indépendance (restreinte par certaines clauses économiques) de la principauté du Monténégro.

Occupation et surveillance administrative provisoires de la Bosnie et de l'Herzégovine par l'Autriche. Droit pour cette dernière d'installer des garnisons et d'ouvrir des routes stratégiques et commerciales dans le Sandjak de Novi-Bazar.

Rectification des frontières de Thessalie et d'Epire au profit de la Grèce.

Ces clauses étaient complétées par un certain nombre de stipulations économiques et militaires relatives à la navigation du Danube, à l'exploitation des chemins de fer de la péninsule, à la neutralisation du Bosphore, etc;

CARACTÈRE PROVISOIRE DU TRAITÉ DE BERLIN.

L'histoire s'est montrée sévère pour l'œuvre du Congrès de Berlin. Réuni pour arbitrer le différend turco-russe, il a, sans hésitation, sacrifié les intérêts des deux adversaires aux exigences de deux puissances étrangères au conflit: l'Angleterre, désormais maîtresse de Chypre, (1) et l'Autriche qui, sous une forme à peine déguisée, s'emparait de deux provinces et se rapprochait de Constantinople et de la Méditerranée. L'équilibre, un instant rompu à San Stefano en faveur de la Russie et de la Bulgarie, n'a donc pas été rétabli au Congrès, mais simplement rompu dans un sens opposé. Les conséquences de cette situation fausse ont été graves. Au point de vue de la politique européenne générale, le traité de Ber-

(1) Convention particulière entre l'Angleterre et le Sultan conclue quelques semaines avant la réunions du Congrès et ratifiée par lui.

lin devait nécessairement fortifier l'alliance de
l'Autriche et de l'Allemagne; le souvenir des
déceptions éprouvées par la Russie, dupée par
Bismarck, devait, par contre, faciliter plus tard
le rapprochement franco-russe. En ce qui concerne plus particulièrement la péninsule, la solution adoptée ne pouvait être qu'un compromis
provisoire. « Monument d'égoïsme, dit un his-
« torien, (1) œuvre de jalousies, de rancunes per-
« sonnelles, immorale et misérable, l'acte final
« du Congrès, loin d'assurer la paix, préparait
« de nombreux sujets de conflits et de guerres
« pour l'avenir. Question bulgare, question de
« Macédoine, question de Bosnie et d'Herzégo-
« vine, Alsace-Lorraine balkanique, voilà le bi-
« lan de la diplomatie européenne au Congrès de
« Berlin. » De fait, les diplomates n'avaient
pris souci « ni de la justice, ni de la
« volonté des peuples, ni même du bon sens et
« de l'intérêt général ». Nulle part les frontières créées par eux ne correspondaient aux limites exactes des races et des nationalités. Elles
correspondaient bien moins encore aux ambitions
de chaque peuple. Aussi, la seule pensée des
jeunes nations émancipées par le traité de Berlin fut-elle de développer au delà leur influence
et de prétendre, chacune pour son compte, à
l'hégémonie de la péninsule. C'est ainsi que les

(1) Lavisse et Rambaud. Histoire générale du IVᵉ siècle à nos
jours.

Grecs n'ont cessé, après comme avant le Congrès, de soutenir plus ou moins ouvertement leurs droits à la reconstitution de la Grèce byzantine, laquelle comprendrait, en dehors des territoires grecs actuels, la Crète, la Macédoine, le pays du Rhodope et les Roumélies jusqu'à la mer Noire. Pareillement, les Serbes rêvent la création de la Panserbie qui unirait sous un même sceptre la Serbie et le Monténégro, la Bosnie, l'Herzégovine, quelques lambeaux de la Croatie et de la Slavonie, la vallée du Vardar et même la Macédoine entière jusqu'à Salonique. La Grande Bulgarie comprendrait, de son côté, avec la Bulgarie et la Roumélie Orientale, la région du Rhodope et la Macédoine. (1) Quant aux Turcs, ils n'ont pas renoncé non plus à reconquérir sur toute la péninsule leur ancienne souveraineté.

La Macédoine est le champ clos où viennent se heurter toutes ces ambitions. Maîtresse des débouchés de la grande route, qui, par la trouée du Vardar et de la Morava, mène à Belgrade et aux riches plaines de l'Europe Centrale, peuplée et fertile, habitée par les représentants de toutes les races rivales, (2) elle est, d'ailleurs,

(1) La « Grande Bulgarie » a été un moment réalisée par l'éphémère traité de San-Stefano. Le traité de Berlin l'a partagée en trois tronçons.

(2) Les Bulgares sont en majorité dans la Macédoine. Mais on trouve à côté d'eux des groupements importants des races les plus diverses : Serbes, Hellènes, Albanais, Turcs, Koutzo-Valaques, Juifs, etc... (Cf. Une année de politique extérieure par René MOULIN.)

bien faite pour allumer toutes les convoitises. Des bandes armées des diverses nationalités balkaniques l'ont terrorisée longtemps; nomades ou sédentaires suivant les localités, organisées par des comités locaux, mais recevant sans doute les subventions secrètes des gouvernements intéressés, elles s'arrogeaient sur tout le pays un droit de juridiction redoutable. L'insécurité qu'elles y entretenaient était en vain combattue depuis quelques années par les efforts de la gendarmerie internationale organisée par l'Europe : jusqu'en 1908, les assassinats individuels y succédaient sans interruption aux massacres collectifs, aux incendies de villages, aux vols à main armée, à tout ce que peuvent engendrer de violences et de désordres, sous un gouvernement faible, l'ardeur des rivalités politiques et religieuses, le brigandage passé dans les mœurs, et l'état de vendetta réciproque et continuelle dans laquelle une série de meurtres innombrables entretient depuis longtemps vis-à-vis de leurs voisins, chaque canton, chaque village, chaque famille, chaque individu. Aussi le calme relatif qui y règne depuis la proclamation de la constitution turque n'y sera-t-il peut-être pas définitif. Trop d'intérêts, trop d'ambitions s'y heurtent pour qu'on puisse compter voir une paix durable y succéder aussi brusquement à l'anarchie de ces derniers temps. (1)

Comme si ce n'était d'ailleurs assez des prétentions balkaniques pour battre incessamment en brèche les clauses du traité de Berlin, l'Europe n'a pas manqué de réclamer aussi sa proie. La Russie et l'Angleterre se sont longtemps disputé Constantinople. L'Autriche, déjà maîtresse de la Bosnie et de l'Herzégovine, convoite Salonique et la Macédoine. L'Italie, de son côté, rêve de s'établir en Albanie et de faire de l'Adriatique un lac italien.

Il y a donc eu, dès l'origine, contre la stabilité de l'œuvre des diplomates du Congrès de Berlin, un faisceau formidable de forces coalisées. Si cette œuvre s'est malgré tout maintenue tant bien que mal jusqu'à ces derniers temps, c'est

(1) L'Europe a renoncé à tout contrôle en Macédoine depuis le 14 septembre 1909. Il est permis de se demander si cette décision n'est pas prématurée. Il convient toutefois de signaler les efforts des Jeunes-Turcs pour obtenir une pacification définitive en désarmant les dernières bandes restées dans le pays, et en rompant au profit de l'élément ottoman l'équilibre macédonien. Une immigration assez intense, partie surtout de Bosnie et d'Herzégovine, a d'ailleurs aussitôt répondu à l'appel du Sultan. Après les inévitables avatars des débuts, plusieurs villages ont été fondés, qui paraissent prospères. L'État turc a acheté et morcelé en petites propriétés de nombreux domaines. Chaque immigrant reçoit ainsi à titre gratuit la terre et les outils pour la travailler ; des sociétés de crédit agricole fournissent ensuite les premières avances ; et la richesse naturelle de ce sol privilégié promet aux nouveaux colons un avenir rémunérateur.

L'application de ces mesures soulève, il est vrai, de nombreuses difficultés. En particulier, le désarmement des éléments bulgares n'a pas manqué d'éveiller à Sofia les susceptibilités des partis d'opposition ; pourtant ce nouvel incident paraît maintenant à peu près apaisé.

que chaque puissance, effrayée des conséquen-
ses possibles d'un coup de force, s'était résignée
jusqu'à présent au maintien d'un statu quo provisoire qui réservait tous ses droits. Au reste,
la décomposition progressive de la puissance
turque, de plus en plus affaiblie par l'arbitraire,
l'incurie, le gaspillage du régime hamidien, en
un mot l'abâtardissement de « l'homme malade »
dont on convoitait l'héritage, calmaient l'impatience des nations; pourquoi courir les hasards
d'un conflit quand on pouvait espérer d'un jour
à l'autre, le démembrement spontané d'un empire dont les diverses provinces semblaient vou-
loir se détacher à chaque instant comme les
fruits trop mûrs d'un arbre surchargé. 1

CHAPITRE III

La Révolution Jeune-Turque

LES ORIGINES DE LA RÉVOLUTION JEUNE-TURQUE.

Mais, au mois de juillet 1908, un fait nouveau d'une extrême gravité est venu tirer brusquement de leur quiétude les chancelleries européennes. Une véritable révolution a abattu à Constantinople le pouvoir absolu du Sultan ; ou, pour mieux dire, le sultan lui-même, incapable de résister plus longtemps à la poussée du mécontentement général, s'est volontairement dépouillé d'une partie de son autorité souveraine.

Le parti jeune-turc.

Le parti libéral qui a été l'âme de cette transformation porte le nom de parti jeune turc. Ses origines remontent à 1860. C'est sous son influence qu'Abdul-Hamid avait déjà, en 1876, octroyé une Constitution à la Turquie, constitution d'ailleurs bien éphémère : car la guerre turco-russe ne devait pas tarder à permettre au Sultan d'en suspendre l'effet, en lui fournissant à point nommé la diversion nécessaire.

Du même coup le parti jeune turc était, lui aussi, rentré dans l'ombre. Il s'était d'ailleurs un peu disqualifié pendant cette courte période par son inexpérience des affaires, le caractère trop exclusivement théorique de ses principes et de ses méthodes, son impatience de réformes insuffisamment mûries ou prématurées, enfin le dédain qu'il avait cru pouvoir afficher des traditions ottomanes.

Le parti libéral ayant ainsi disparu, rien ne limitait plus l'absolutisme du Sultan : l'arbitraire le plus odieux sévit de nouveau en Turquie.

Le mécontentement de la propagande libérale.

Malgré leur échec, les libéraux, soutenus d'ailleurs secrètement par l'Angleterre, ne demeuraient pourtant pas inactifs. Il ne leur était pas difficile de semer de toutes parts la désaffection du régime politique qui opprimait la Turquie. La faiblesse du Gouvernement avait attiré sur cette riche proie les convoitises des Européens. Banquiers, industriels, commerçants s'étaient jetés sur cette terre comme sur un pays conquis. Ils l'avaient, il est vrai, sous le vain prétexte de lui assurer les bienfaits de la civilisation occcidentale, sillonnée de routes et de chemins de fer; ils avaient mis en valeur quelques-unes de ses richesses naturelles. Mais les Turcs dépossédés n'étaient pas sans s'apercevoir que cette exploitation de leur pays, loin de leur être profitable, ne leur procurait que des blessures d'amour-propre, et bénéficiait uniquement aux étrangers. Les garanties même que ces derniers se faisaient attribuer sur la dette ottomane réduisaient encore la part déjà si minime du budget disponible pour la satisfaction des besoins et des intérêts purement turcs. Aussi, fonctionnaires, officiers, créanciers turcs de l'Etat, étaient-ils de moins en moins régulièrement payés. Le mécontentement gagnait progressivement toutes les classes de la Société.

Les mutineries militaires.

Les fautes du Sultan lui avaient aliéné l'armée elle-même. Les soldats touchaient rarement leur solde; leur séjour sous les drapeaux était, en outre, fréquemment prolongé bien au-delà de la durée légale du service, sous le prétexte de dangers réels ou imaginaires menaçant le pays. Les comités jeunes turcs s'attaquèrent aussi aux officiers et surtout à ceux d'entr'eux, de plus en plus nombreux, qui, élevés dans des écoles européennes et initiés aux idées occidentales, ressentaient plus vivement que leurs camarades les humiliations de leur pays. Les officiers turcs avaient d'ailleurs, d'autres causes de mécontentement : la solde leur était payée avec une irrégularité et souvent une partialité révoltantes. Généralement obligés de négocier avec des usuriers leurs mandats impayés, il n'était pas rare de les voir, sous la poussée d'une véritable misère, trafiquer des prestations en nature qu'ils recevaient, et souvent même de celles de leurs soldats. Enfin, leur esprit de discipline était profondément atteint par le régime de délation depuis longtemps de mode en Turquie, mais qui avait pris, depuis quelques années, une extension tout à fait scandaleuse. Ce mécontentement se traduisait de temps à autre par de véritables mutineries, que le Gouvernement Central, trop faible, et se sentant d'ailleurs coupable, n'osa jamais réprimer. Le mal finit par s'étendre aux contingents d'Anatolie réputés les plus fidèles de toute l'armée.

Promulgation de la Constitution
de 1876.

Le parti jeune turc dirigé par son Comité « Union et Progrès » et qui, en dehors de la capitale, étendait ses ramifications dans les grandes villes de l'Empire, sut exploiter avec habileté cet état d'esprit. Grâce à son action, l'effervescence se généralisa. Le Sultan, débordé, incertain de la fidélité de son armée, comprit que toute résistance serait vaine. Prenant les devants, il promulgua, le 24 Juillet 1908, la remise en vigueur de la Constitution de 1876. La Turquie se trouvait ainsi dotée, du jour au lendemain, d'un régime parlementaire analogue à celui des autres états européens.

Cette grave transformation s'est tout d'abord effectuée à peu près sans violence. Il y a bien eu çà et là, quelques abus et quelques désordres; un certain nombre de leurs, convaincus d'espionnage, ont payé de leur vie la haine dont le régime aboli était l'objet; à la faveur de l'amnistie accordée aux détenus politiques, plus d'un condamné de droit commun a été élargi. Mais, dans l'ensemble, et tout au moins dans ses débuts, la Révolution Turque a été pacifique. Quelle leçon inattendue donnée ainsi à l'Europe par la terre classique des massacres, des guerres civiles et des sombres tragédies de palais !

APPARENCES ET RÉALITÉS.

Ce fut donc, pour les Occidentaux charmés, un spectacle idyllique et paradoxal, que le fonctionnement de la vie politique à Constantinople, à l'aube du régime nouveau ! Le Sultan lui-même

paraissait alors résigné à l'observation loyale
de la Constitution; les clubs se multipliaient
dans la capitale enfiévrée : chaque race, chaque
nation de l'Empire avait le sien; des journaux
se fondaient; dans les réunions publiques, les
esprits nouvellement nés à la libre discussion,
éblouis par le prestige de philosophies récemment importées et parfois mal comprises, se
grisaient de paroles, de formules, de systèmes
et d'utopies. Et, dans l'extraordinaire bouillonne-
ment de toutes ces idées, de tous ces enthousias-
mes, l'Europe crut avec attendrissement reconnaître la fièvre politique qui avait secoué jadis
toutes les classes de la société française, à la
veille de notre Révolution. Le Parlement, réuni
sur ces entrefaites, donnait, de son côté, l'exemple de l'union et de l'apaisement; les députés de
races ennemies naguère, Kurdes et Arméniens,
Macédoniens et Albanais, y faisaient assaut de
concessions mutuelles, et semblaient y commu-
nier dans un même élan de foi nationaliste. Ce
baiser Lamourette fut interprété comme le signal d'une tolérance définitive, et l'on se prit
à rêver partout d'une Turquie fédérale, où tout
fanatisme serait éteint.

Les évènements ultérieurs ont, hélas, bien vite rompu le charme.

Cette fois encore, trompés par les apparences,
nous avions apporté, dans l'appréciation des faits,
« ce romantisme impénitent qui oblitère, chez

« certaines imaginations européennes, le sens des
« réalités » (1) Quelques massacres, en tous points
semblables à ceux d'autrefois, nous ont désormais édifiés sur la sincérité et l'avenir des tendances fédéralistes de la Turquie actuelle. Au
point de vue extérieur, les déceptions ne nous
ont pas été non plus épargnées; persuadés tout
d'abord du succès définitif de l'influence franco-
anglaise, nous avons dû bientôt reconnaître
le prestige grandissant de la diplomatie allemande auprès de la Sublime-Porte. Au point
de vue intérieur, l'Europe libérale avait salué
« l'avènement du prolétariat oriental » et celui
de « l'opinion publique ottomane éclairée par
la presse nationale »; elle s'est aperçue, un peu
tard, que la population de l'Empire comptait
90 0/0 d'illettrés, peu accessibles aux suggestions
de la presse, que la Révolution jeune turque n'é-
tait d'ailleurs pas l'œuvre des masses, et que
celles-ci, étaient, au contraire, restées en grande
partie fidèles à l'ancien régime. Dans un autre ordre d'idées, nous avions, après la déposition du Sultan, envisagé comme des mesures
essentiellement provisoires la proclamation de
l'état de siège et la constitution des premières
cours martiales : or, des mois sont passés, et,
sous prétexte de mesures de « sécurité », ou
« d'épuration » les cours martiales continuent à

(1) H. MARCHAND. — Réflexions sur la crise Turque. (Questions diplomatiques et coloniales. Tome XXVII, p. 569).

juger sommairement et à condamner sans pitié (1). Le régime constitutionnel que nous avions cru solidement établi en Turquie n'y fonctionne qu'en apparence: les ministres et le Sultan lui-même n'ont que l'ombre d'un pouvoir en réalité exercé par le généralissime et son Etat-Major; quant au Parlement, il s'essaie en vain à la vie politique, et continue à prendre gravement au milieu de l'indifférence générale des décisions que personne n'exécute. La machine parlementaire et constitutionnelle est donc faussée. « L'éden démocratique qu'aimait à se représenter « une phraséologie libérale » (2) est en réalité aux mains d'une dictature militaire. Il faut en convenir : on s'était entièrement mépris, à l'origine, sur les caractères de la révolution jeune-turque: elle n'a été « ni civile, ni laïque, ni radicale; elle a été militaire, religieuse et opportuniste. » (3).

Cette mise au point était nécessaire pour en suivre les phases et en comprendre le développement.

(1) L'état de siège sera maintenu à Constantinople au moins jusqu'au 1er Mars 1911, date officiellement indiquée par le Ministère).

(2) A. TARDIEU. — La crise Turque, Questions diplomatiques et coloniales, tome XXVII, page 633.

(3) Idem.

PREMIÈRE PHASE DE LA RÉVOLUTION

JEUNE-TURQUE.

Au mois de juillet 1908, c'est-à-dire au moment même où il triompha de l'absolutisme d'Abdul-Hamid, le « bloc » initial jeune-turc n'était pas homogène; en particulier, les hommes qui composaient à cette époque le Comité « Union et Progrès » étaient divisés à la fois par des divergences de vues assez profondes et par d'âpres rivalités personnelles. On trouvait parmi eux quelques militaires à tendances nationalistes et des intellectuels de toutes nuances, depuis les libéraux les plus modérés jusqu'aux anarchistes les plus violents.

Après la victoire, dont ils pouvaient, pourtant, s'attribuer, à bon droit le mérite, les militaires avaient été rélégués au second plan, et les intellectuels avaient pris possession du pouvoir. C'étaient, pour la plupart, de hauts fonctionnaires ou des proscrits de l'ancien régime. Presque tous avaient voyagé en Occident; beaucoup y avaient résidé. L'éclat des civilisations qui leur étaient ainsi brusquement révélées et le prestige de philosophies pour eux toutes nouvelles les avaient séduits et un peu grisés; ils s'étaient jetés avec une ardeur de néophytes dans l'étude de nos théories positivistes et scientifiques les plus modernes. Par malheur, ces longs voyages dans des milieux si différents de ceux qu'ils avaient quittés avaient aboli en eux le souvenir des réalités islamiques. Rentrés à Constantinople, ils ne s'aperçurent pas combien leur mentalité nouvelle les séparait de leurs contemporains. « Etat-Major sans soldats » ils crurent pouvoir transporter et appliquer chez eux, sans délai et sans transition, les formules apprises à l'étranger. C'était la réédition des fautes commises par leurs devanciers en 1876, et la preuve que leur parti n'avait, dans le malheur et dans l'exil, rien appris ni rien oublié.

On conçoit aisément le mécontentement qui agita aussitôt les masses, maladroitement blessées dans leurs sentiments, leurs habitudes, leurs croyances, leurs préjugés, et leurs traditions. D'autre part, les divisions qui séparaient, dès le début, les membres du Comité « Union et Progrès » s'accentuaient, et des défections commençaient à éclaircir leurs rangs. Leurs allures de plus en plus autoritaires, leur cynisme et leur avidité dans la poursuite des grades, des dignités et des fonctions publiques, leur ingérence de jour en jour plus brutale dans les affaires de l'Etat achevaient, d'ailleurs, de leur aliéner peu à peu nombre de partisans de la première heure. Ainsi se constitua et grandit en face d'eux le groupe de l'« Union libérale ».

De la sorte, à la fin de d'hiver 1908 — 1909,

et sans tenir compte des opinions anarchistes
ou très avancées de quelques personnalités iso-
lées, il y avait en Turquie trois grands partis
politiques :

1° au pouvoir, les « Unionistes » ou parti du
Comité « Union et Progrès » composé d'intellectuels et de militaires, et auquel on ne tarda pas
à réserver exclusivement l'appellation de « jeune-turc » ;

2° les « Libéraux » parti d'opposition modérée,
groupé autour du Comité de l'« Union libérale »
et qui réunissait sous la direction de Kiamil Pacha des intellectuels mécontents de toutes nuances ;

3° enfin, le parti réactionnaire. Ce dernier était
resté très puissant dans certaines provinces fana-
tiques ; partout ailleurs, et en particulier à Constantinople, il était dirigé par les anciennes créa-
tures du Sultan, et s'appuyait uniquement sur
la basse classe civile, religieuse et militaire. (1)

(1) La Révolution Jeune-Turque, a été, somme toute, une révolution aristocratique. Dans la population civile, les Jeunes-
Turcs n'ont trouvé d'adeptes que parmi les classes instruites.
Dans le clergé, les ulémas, ou docteurs de la loi, ont seuls pris
part au mouvement. Le bas clergé (softas et hodjas) est resté
hamidien. Dans l'armée, ce sont les officiers élevés dans les
grandes Ecoles Militaires de l'Occident, qui ont exploité le mécontentement des soldats au profit des idées nouvelles, et malgré la propagande réactionnaire des officiers sortis du rang.
Quant à la foule, elle a assisté avec son habituelle inertie à un
changement de régime qu'elle n'avait point sollicité et qu'elle
n'a peut-être pas compris. Elle n'a, en tous cas, pris, aucune part
à la lutte, et s'est simplement après la bataille, montrée, comme
toujours, respectueuse, par fatalisme du fait accompli.

A sa tête s'était constitué le Comité de l'« Union Mahométane ».

La coexistence de ces trois partis rivaux rendait précaire l'œuvre de la Révolution de juillet. Pourtant les Jeunes-Turcs étaient loin de soupçonner le danger. Aveuglés par leur apparent succès, ils continuaient à exaspérer, par des mesures maladroites, le mécontentement qui, déjà, nouait contre eux la coalition de leurs rivaux. Cependant, le Sultan croyait, de son côté, le moment venu de ressaisir, au moins en partie, l'autorité qui lui avait été arrachée. De l'argent fut distribué aux soldats de la capitale, fanatisés d'autre part par les prédications des hodjas et des softas, et d'ailleurs fidèles au souvenir d'un régime qui les avait toujours comblés de ses faveurs. Les Chrétiens, un instant dupes des promesses jeunes-turques, mais lésés par une répartition arbitraire des sièges législatifs, commencèrent à s'agiter aussi. Enfin, quelques membres de l'« Union libérale », irrités de la chute de Kiamil-Pacha, (1) et prêts à sacrifier

(1) Le grand-vizir Kiamil-Pacha avait dû se retirer le 13 février 1909 à la suite de l'échec d'une tentative de gouvernement personnel à allures de coup d'Etat. Son successeur, Hilmi-Pacha, ministre de l'intérieur dans le cabinet précédent, avait jadis exercé pendant 5 ans les hautes fonctions d'Inspecteur Général de la Macédoine. Dans ce poste délicat « il sut, suivant l'expression de M. Camille Fidel, faire preuve à la fois de loyalisme envers le Sultan, d'attachement aux idées libérales et de diplomatie à l'égard des agents étrangers ».

des principes, somme toute, assez récents à des rancunes déjà envenimées, entreprirent une campagne de presse contre le comité « Union et Progrès ». L'assassinat d'un journaliste particulièrement violent par un « Unioniste » mal inspiré, loin de ramener le calme, augmenta encore la surexcitation générale. L'occasion parut propice à la Vieille Turquie : l'émeute du 13 avril 1909, vraisemblablement préparée par l'Union Mahométane, éclata soudain, et le grand-vizir Hilmi-Pacha dut céder la place à Tewfick-Pacha.

Les Parlementaires et le Comité « Union et Progrès » n'opposèrent aucune résistance, et leur fuite sans combat eût marqué à coup sûr la ruine définitive des ambitions et des espérances jeunes-turques, si l'armée de Salonique n'eût pas été là pour les recueillir et pour restaurer leur œuvre compromise.

DEUXIÈME PHASE DE LA RÉVOLUTION

JEUNE-TURQUE.

Salonique, siège du quartier général du 3e corps d'armée ottoman, était depuis longtemps, l'un des foyers les plus actifs de la propagande jeune-turque. Le séjour de cette ville, ou, en tous cas, de cette province toute entière largement ouverte à l'influence étrangère, le contact quotidien des officiers français, italiens, russes détachés dans la gendarmerie macédonienne, devaient tout naturellement incliner les officiers du 3e corps vers les idées nouvelles. La plupart d'entre eux avaient, d'ailleurs, suivi les cours des Ecoles militaires de l'Occident. Ils en ressentaient avec plus d'amertume les humiliations infligées à leur pays par l'Europe dont l'intervention atteignait sous leurs yeux, son maximum de fréquence et d'intensité. Quant aux troupes, « que les troubles permanents de Macédoine « obligeaient à un service très actif, elles se « voyaient sous l'œil de l'étranger, abandonnées « dans un dénuement complet par l'incurie de « la camarilla d'Yldiz, cependant que la garnison « de Constantinople bénéficiait de la faveur incessante du maître; soucieux de conserver auprès de lui une garde prétorienne dévouée » (1)

Ainsi, dès l'origine, tout concourait à faire de l'armée de Salonique et de son chef Mahmoud Chefket Pacha, les instruments les plus dévoués et les plus efficaces de la Révolution. Aussi, est-ce du 3e corps que partirent Niazi et Enver-bey, les premiers révolutionnaires, qui, des discussions stériles et de la propagande occulte passèrent résolument aux actes au mois de juillet 1908; et, lorsque, au lendemain du coup d'Etat du 13 avril 1909, « l'Etat-Major désarçonné du

(1) H. MARCHAND. — Réflexions sur la Crise Turque, déjà cité.

« Comité constantinopolitain » se réfugia à Salonique, c'est encore au milieu de cette même armée qu'il devait trouver à la fois une sauvegarde pour le présent, et l'espoir de venger plus tard sa défaite.

Sûrs de leurs hommes qui avaient eu le temps d'apprécier pendant près d'une année les bienfaits du régime nouveau, et soucieux, d'ailleurs, d'éviter tout mesure qui eût pu troubler « le « loyalisme spirituel de la troupe », Chefket-Pacha et ses officiers n'hésitèrent pas. Bien résolus à prendre en mains, en hommes d'action, leur œuvre compromise par les erreurs et les fautes des théoriciens, et à lui assurer, cette fois, un triomphe définitif, ils décidèrent, avec une fermeté tranquille, de marcher aussitôt sur la capitale.

La concentration des troupes, les transports de personnel et de matériel par voies ferrées, l'investissement de la place furent préparés et exécutés d'après les méthodes les plus modernes, avec une rapidité et une précision remarquables. La prise de Constantinople couronna les efforts de Chefket-Pacha : un combat sanglant, dirigé avec habileté et énergie, lui en assura la possession : la réaction était désormais vaincue, et la révolution était de nouveau entre les mains de ses véritables auteurs.

Les « Saloniciens » victorieux ne retombèrent d'ailleurs pas dans les fautes de leurs prédécesseurs. Le contact journalier de leurs soldats leur avait conservé la notion des réalités ottomanes et le sentiment de ces mille nuances de l'âme populaire, dont les intellectuels du parti avaient affiché l'ignorance et presque le dédain. Ils s'appliquèrent donc à dissimuler sous des formes minutieusement traditionalistes des décisions toujours fermes et souvent brutales.

Leur premier acte fut la déposition d'Abdul-Hamid qui attend encore à Salonique un jugement définitif ou un exil plus lointain. Quant à Mahomet V, son successeur, il ne détient qu'une ombre de pouvoir. (1) Ce rôle effacé et à peu près uniquement représentatif convient d'ailleurs à son âge, à son caractère un peu faible, à son inexpérience des affaires dont l'incurable méfiance du Sultan déchu l'avait toujours écarté. Toute autorité est aussi refusée au Parlement, dont les décisions restent lettre morte; le vrai pouvoir est entre les mains du

(1) Les « Saloniciens » ont eu soin d'appliquer, dans ces circonstances délicates, les prescriptions religieuses les plus rigoureuses, de façon à ménager la susceptibilité des croyants : la déposition d'Abdul-Hamid a été régulière au point de vue de la loi coranique: le fetva qui la proclame est uniquement basé sur les prétendues infractions commises par le Sultan à la loi du Prophète. En appelant son frère à l'Empire, on a respecté aussi les traditions qui règlent en Turquie l'ordre de succession au trône. A son avénement, le nouveau Padischah a ceint en grande pompe dans la Mosquée d'Eyoub le sabre d'Osman et reçu le serment des troupes sur le Coran, en présence du Scheik-ul-Islam.

généralissime et de son État-Major; les ministres se bornent à exécuter leurs ordres. La Turquie est donc dans toute l'acception du mot,
gouvernée actuellement par une dictature militaire dont il nous reste à déterminer les idées
directrices et les intentions. (1)

La misère et le dénuement dans lesquels ils
vivaient sous l'ancien régime, le système de délation dont ils souffraient comme tous leurs compatriotes, ont préparé, nous l'avons vu, la révolte des officiers et des troupes saloniciennes.
Mais ces considérations sont restées accessoi-
soires, et il faut chercher ailleurs, la cause
principale, la raison profonde du mouvement.
La révolution de 1908 à commencé, comme celle
de 1875, sous la menace de l'étranger. L'instable
traité de Berlin, ouvrant la porte à toutes les
ambitions sans en satisfaire aucune, avait, sur
chaque frontière, semé le germe d'un conflit;
de sorte que le cercle des convoitises européennes
exaspérées par une longue attente se resserrait
chaque année autour du vieil empire moribond :
l'Autriche venait de lancer le projet du chemin de fer du Sandjak; la Russie voulait « élar-
gir » le programme des réformes macédoniennes;

______

(1) Ces lignes étaient écrites quand le généralissime Mahmoud Chefket Pacha accepta, il y a quelques mois, le porte-
feuille de la guerre dans le Ministère constitué par Hakki-Pacha. Mais cette modification, toute de forme, n'a rien changé
à l'orientation générale de la politique jeune turque.

la Crète et la Bulgarie frémissantes rêvaient d'annexions et d'indépendance. Les officiers jeunes-turcs, que leur éducation européenne avait élevés au-dessus de l'indifférence fataliste de leurs compatriotes, subissaient, avec une colère croissantes, ces humiliations successives. Un moment vint où ils résolurent enfin de changer le régime qui perdait l'Etat. On ferait fausse route en cherchant ailleurs les mobiles de leurs actes, et surtout en les attribuant au souci de théories libérales qui leur sont, en réalité, totalement indifférentes. «Ils veulent une Turquie forte plus ardemment encore qu'une Turquie libre». Ils n'ont adopté les apparences du libéralisme que pour ménager les susceptibilités européennes, et, en quelque sorte, «par instinct de conservation». Au fond, ils n'ont cure de la Constitution qu'ils violent actuellement sans scrupule : « elle n'a été pour eux que le bouclier de la nation contre l'envahissement de l'étranger .».

Les intellectuels qui se sont joints à eux et qui les ont supplantés au pouvoir après la victoire, avaient, par contre, cru à la valeur des mots et des théories; dans leur ardent désir de réformes, ils avaient oublié que le peuple turc, façonné par des générations de servitude et de fanatisme, n'avait pas reçu, comme la France de 1789, les leçons des encyclopédistes ni l'héritage d'une civilisation lentement développée au cours des siècles; par malheur, le pays qu'ils rêvaient d'émanciper n'était pas encore mûr pour la vie politique, ni capable d'oublier en un jour ses préjugés et son intolérance traditionnelle.

Le temps n'est plus de ces tâtonnements et de ces maladresses. L'oligarchie militaire qui gouverne actuellement la Turquie semble partager la méfiance que Napoléon professait à l'égard des « idéologues ». (1) Le choix de ses collaborateurs est, à ce point de vue, significatif : l'ère des intellectuels sans passé est définitivement close. Les « Saloniciens » ont appelé au pouvoir des fonctionnaires ou des ministres de l'ancien Régime, ayant donné la preuve de leur expérience, et demeurés honnêtes et patriotes : tels Hilmi et Ferid-Pacha et maintenant Hakki-Pacha. Ce qu'ils leur demandent, ou plutôt, ce qu'ils leur imposent, ce n'est point la réalisation de telle ou telle conception philosophique, mais bien « une politique de patriotisme vigilant, d'intégrité territoriale, de développement militaire ».

---

(1) Ces tendances ont été énergiquement exprimées devant le Sénat turc par le beau-frère du sultan, Damad-Férid-Pacha; le projet de revision de la Constitution de 1876 qu'il a présenté fait le procès du parlementarisme occidental, « lequel, d'après Damad-Férid, a conduit les nations les plus civilisées à l'instabilité gouvernementale et à la désorganisation de l'Etat », et n'est, en tous cas, pas applicable immédiatement et sans transition en Turquie. L'homme d'Etat turc est ainsi amené à réclamer pour son pays un pouvoir central fort, aidé dans sa tâche par des corps en partie élus, appelés à l'occasion à donner des conseils, mais ne pouvant jamais imposer leur volonté.

Cette politique énergique et pratique, si différente des hésitations de la période précédente, a déjà produit ses fruits : l'Albanie est désormais à peu près soumise; les massacres arméniens ont été réprimés; une paix relative a succédé en Macédoine aux troubles d'antan, et la confiance des populations non turques semble renaître de toutes parts.

L'AVENIR.

Pourtant, et sans même parler des questions extérieures, que de difficultés encore !

L'actuelle confusion des pouvoirs ne confisquera sans doute pas indéfiniment au profit de l'armée l'autorité du Parlement, des ministres et du Sultan lui-même. Il faudra, tôt ou tard, remplacer cette dictature par un régime plus stable, capable de pacifier définitivement la Turquie et de faire une juste part dans la vie publique à toutes les races qui la peuplent, tout en ménageant la susceptibilité encore vivace du fanatisme mahométan.

D'autres questions réclament impérieusement une solution : celle de l'enseignement, déjà ré-

solue en partie (1), la réorganisation de l'armée,
de la marine, du commerce, des finances; la
création d'une industrie nationale, et, avant tout,
la répression des graves désordres de l'Yémen
la soumission des Druses, et la pacification définitive de cette Albanie, déjà plus qu'à moitié
vaincue, mais où la suppression de privilèges anciens (2), l'application de mesures fisca-
les impopulaires, la méconnaissance des sentiments de fierté et d'indépendance des populations, ont déposé un ferment de mécontentement
et de séparatisme que d'aucuns peuvent avoir
intérêt à voir lever.

Il ne s'agit de rien de moins, on le voit, que
de la transformation progressive de la Turquie
hamidienne, surannée et décrépite, en un état
moderne, émancipé et puissant. Tâche immen-
se, et qui exigera sans doute l'effort de
plusieurs générations; tâche d'autant plus
difficile que le sentiment confus de l'amoindrissement territorial avec lequel a coïncidé, nous le
verrons, l'établissement du régime nouveau, sub-
sistera longtemps au fond de l'âme populaire,
et nuira au prestige des Jeunes-Turcs. Par contre, ceux-ci bénéficieront du soulagement véritable causé partout par la suppression de l'es-

____

(1) Les Saloniciens ont fait preuve d'une assez grande tolérance en autorisant la création d'écoles de toutes les nationalités et races de l'Empire. Ils ont simplement exigé que l'on n'y
professât aucune théorie « anti-ottomane ».
(2) Privilèges presque équivalents à une demi-autonomie.

pionnage; ils s'appuieront enfin sur la sagesse et la force d'une armée qui unit à une éducation scientifique toute moderne la pratique de ses vertus militaires traditionnelles.

A l'extérieur les Jeunes-Turcs peuvent aussi compter sur la sympathie d'une Europe que la chute d'Abdul-Hamid a délivrée, au moins pour un temps, du cauchemar panislamique (1). La France, en particulier, a tout à gagner, même en dehors du point de vue économique, à l'épanouissement d'une Turquie forte, affranchie de toute tutelle étrangère. L'existence d'un tel Etat serait, en effet, la barrière la plus efficace à opposer au « Drang nach Osten » autrichien. Si, d'autre part, la question d'Orient était ainsi définitivement résolue, la Russie, abandonnant à jamais le rêve de Catherine, pourrait concentrer ses efforts sur d'autres théâtres, où sa collaboration nous est, à coup sûr, plus essentielle.

(1) « Le gouvernement jeune-Turc, écrit le Docteur Rouire, sans finances suffisantes, obligé de faire une part dans son sein à l'élément chrétien, dépouillé aux yeux des croyants du prestige du gouvernement d'autrefois, et mis en face d'éventualités aussi redoutables que variées, est dans l'impossibilité morale et matérielle de continuer la politique panislamique. De même que l'effet disparaît avec la cause qui l'a produit, le panislamisme est mort avec la disparition du pouvoir d'Abdul Hamid. »
(Questions diplomatiques et coloniales du 1ᵉʳ septembre 1909.)
Voir aussi sur le même sujet deux articles publiés sous la signature C. E. B. dans les numéros des 1ᵉʳ et 16 décembre 1909 de la même revue.

CHAPITRE IV

Indépendance Bulgare

LA PERSPECTIVE DE LA RÉNOVATION TURQUE
ET LA TRIPLE VIOLATION DU TRAITÉ
DE BERLIN.

Quel que puisse être l'avenir de la révolution jeune-turque, le spectacle paradoxal de cette rénovation était bien fait pour inquiéter l'Europe. Voilà pourquoi les nations voisines, jusque-là immobiles, se sont brusquement jetées à la curée de cette proie qui menaçait de leur échapper. Suivant l'expression cynique, mais pittoresque, d'un diplomate autrichien « chacun a compris qu'il fallait se hâter de casser la noix, avant qu'elle ne devînt trop dure ».

Telles sont les causes immédiates de la triple et brutale violation du traité de Berlin commise au mois d'octobre 1908, au moment où l'expérience des premiers mois du régime parlementaire en Turquie montrait à chacun la réalité du danger.

L'Autriche ouvrit le feu le 3 octobre par une lettre autographe de l'Empereur François-Joseph, annonçant aux puissances signataires du traité de Berlin, qu'il annexait définitivement à sa couronne les deux provinces de Bosnie et d'Herzégovine.

A son tour, le 6 octobre, à la suite de l'incident Guéchof et de l'affaire des chemins de fer rouméliotes, le prince Ferdinand de Bulgarie proclamait l'indépendance de la Bulgarie et de la Roumélie Orientale, jusqu'alors vassales de la Turquie.

Enfin, le 12 octobre, la Crète, jusque-là administrée sous la surveillance de quatre puissances (France — Russie — Angleterre — Italie) par un haut commissaire, sous la suzeraineté de la Porte, proclamait sa réunion au royaume de Grèce

Nous étudierons successivement la révolte bulgare, le coup de force autrichien et la tentative crétoise.

L'INDÉPENDANCE BULGARE.

La révolte bulgare, malgré ses apparences spontanées, est l'aboutissement d'une politique de longue main; et la soudaineté des derniers événements provient uniquement, ainsi que nous l'avons déjà expliqué, de la crainte éprouvée par le prince Ferdinand, de voir la Turquie régénérée en état de s'opposer désormais à ses desseins. Le moment était, d'ailleurs, bien choisi; et la Bulgarie était assurée de trouver, en particulier à Vienne, un appui d'autant plus solide que des raisons analogues y déterminaient,

au même instant, le désir de s'emparer sans
retard de la Bosnie-Herzégovine. Aussi, abandonnant momentanément sa propagande macédonienne, sauf à la reprendre ultérieurement, (car
il n'a jamais cessé de considérer cette province,
suivant la pittoresque expression de M. Victor
Bérard, « comme un pays côtier de l'hinterland
bulgare »), le gouvernement de Sofia était-il
prêt, dès le début de l'année 1908, à saisir l'occasion favorable pour lever le masque. Derrière
lui, son armée remarquablement organisée, ins-
truite et entraînée, brûlait d'entrer en campagne.
L'opinion publique le soutenait. Un prétexte manquait encore; la maladresse turque ne manqua
pas de fournir l'incident escompté, le point de
départ de toute la procédure : ce fut l'incident
Guéchof.

L'INCIDENT GUECHOF.

Le 12 septembre 1908, le Ministre des affaires
étrangères donnait à Constantinople un grand
dîner diplomatique où ne figuraient que les représentants des puissances accréditées auprès
du Sultan. M. Guéchof, agent diplomatique de
la Bulgarie, n'y fut point invité, sous le prétexte
que la principauté, vassale de la Turquie, ne
pouvait être assimilée aux états souverains. Il
eût été facile à la Turquie d'éviter à la Bulgarie
cette blessure d'amour-propre. Tout d'abord, au-

cune raison n'obligeait le ministre à reprendre
la tradition des dîners diplomatiques, depuis
longtemps interrompue par ses prédécesseurs. Si,
toutefois, il en jugeait autrement, il lui était
facile d'inviter, en dehors des ambassadeurs,
quelques hauts fonctionnaires turcs. M. Guéchof eût ainsi pu assister au dîner sans que sa
présence parmi les autres diplomates eût la si-
gnification d'une reconnaissance indirecte de l'indépendance bulgare. Mais le Ministre négli-
gea cette précaution. Elle paraissait, cependant
s'imposer, à un moment où l'œuvre de la réorganisation jeune-turque exigeait, pour être menée
à bien, une période de tranquillité intérieure
et extérieure absolues. Aussi, la maladresse du
ministre Turc parut-elle, en la circonstance, fort
invraisemblable, et l'on a pu se demander si la
cause n'en était pas dans une inspiration perfide du baron de Marschall ambassadeur d'Allemagne, désireux de provoquer entre la Turquie
et la Bulgarie un conflit armé à la faveur duquel
sombrerait la rénovation turque et reparaîtrait
le vieux régime hamidien, si avantageux aux intérêts allemands (1).

Quoiqu'il en soit, M. Guéchof quitta Constantinople, et la Bulgarie protesta avec énergie con-

(1) La presse anglaise et la presse russe ont ouvertement
émis cette hypothèse.

tre l'attitude de la Turquie. En même temps, l'affaire des chemins de fer de Roumélie venait encore envenimer la querelle.

L'AFFAIRE DES CHEMINS DE FER DE ROUMÉLIE. (1).

La ligne ferrée qui, de Constantinople, se dirige vers l'Europe Centrale par les vallées de la Maritza, de la Morava et du Danube, traverse plusieurs états et appartient à plusieurs propriétaires. Mais les limites de possession ne coïncident pas avec les limites de nationalité. C'est ainsi que la voie ferrée partant de Constantinople appartient à la Turquie, mais ne cesse pas de lui appartenir lorsqu'elle pénètre en Bulgarie. Ce n'est que bien au-delà de Tirnova et de Philippopoli, à Bélova, petite station à une centaine de kilomètres de la capitale Bulgare, qu'elle devient la propriété de la principauté. La Turquie, propriétaire de la ligne, la faisait exploiter par la Compagnie des chemins de fer orientaux.

Or, le 18 septembre, — peut-être à la suite de menées bulgares — les employés de la Compagnie des chemins de fer orientaux se mirent en grève, et les communications de Sofia à Constantinople furent momentanément interrompues. Le ca-

(1) Ce paragraphe est extrait presque littéralement d'un article du journal *Le Temps*.

binet de Sofia déclara aussitôt que, si la grève
se prolongeait, il ferait exploiter la voie par les
sapeurs de son bataillon de chemins de fer,
« dans le but d'éviter des troubles, et d'assurer les communications indispensables. » La mesure indiquée fut d'ailleurs presque aussitôt mise à exécution. Mais, lorsque, le 21 septembre,
la grève fut terminée — (elle n'a duré que trois
jours)—les employés bulgares refusèrent de se
retirer devant les agents de la Compagnie désireux de reprendre leurs postes. Sommée de
s'expliquer, la Bulgarie déclara que la grève
lui avait démontré combien l'exploitation par
une Compagnie étrangère d'un tronçon de ligne situé sur son territoire pouvait être dangereux pour ses intérêts économiques et pour
sa défense nationale; elle était, en conséquence,
décidée à persister à la faire exploiter par un
personnel bulgare.

On était arrivé au 3 octobre, et, au moment où
la Turquie protestait auprès des puissances signataires du traité de Berlin contre cette violation d'une clause de ce traité, et où l'Europe
faisait à son tour des représentations au cabinet
de Sofia, l'Empereur d'Autriche proclamait, de
son côté, l'annexion de la Bosnie et de l'Herzégovine à sa couronne.

LA PROCLAMATION DE L'INDÉPENDANCE.

Aussitôt, et comme s'il n'eût attendu que ce

signal, le prince Ferdinand qui venait, d'ailleurs, d'avoir, en Autriche, plusieurs entrevues avec François-Joseph, déclarait indépendantes la Bulgarie et la Roumélie orientale et, réssuscitant la tradition de l'empire médiéval de Bulgarie, prenait dans la vieille capitale de Tirnovo le titre de Tzar des Bulgares, au milieu de l'enthousiasme de son peuple.

LA PROTESTATION TURQUE.

Sans doute la Bulgarie agissait depuis longtemps, en fait, comme une puissance indépendante; depuis plusieurs années elle ne payait plus au Sultan le tribut de vasselage qu'elle lui devait aux termes du traité de Berlin. La proclamation de l'indépendance bulgare ne changeait donc pas matériellement grand chose à la situation de la Turquie; mais elle lui infligeait l'amertume d'une humiliation nouvelle. Pourtant, le gouvernement turc, et, derrière lui le Comité « Union et Progrès » qui inspirait ses décisions, eurent la sagesse de ne pas rechercher la solution du conflit dans les hasards d'une guerre ardemment souhaitée par la Bulgarie, mais au milieu de laquelle eût vraisemblablement sombré l'œuvre de la révolution jeune-turque. Décidée aux concessions nécessaires, la Porte réclama la médiation de l'Europe. Son appel fut aussitôt entendu.

L'ATTITUDE DE L'EUROPE.

La Russie, qui, en 1878, en pleine victoire, s'était vu imposer le traité de Berlin, ne pouvait, en effet, admettre qu'il fût déchiré sans son consentement lorsqu'elle en avait, pour sa part, scrupuleusement respecté les clauses cependant si désavantageuses. L'Italie voyait, de son côté, avec peine, ses projets sur l'Albanie contrecarrés par la confiscation de la Bosnie et de l'Herzégovine. Toutes les puissances s'inquiétaient, en outre, de la nouvelle étape du fameux « Drang nach Osten » Autrichien.

Aussi, la Russie, la France, l'Angleterre et l'Italie, firent-elles, dès l'abord, bon accueil à la proposition turque de réunir une conférence internationale chargée de reviser le traité de Berlin et de rétablir par un jeu habile de compensations territoriales et économiques l'équilibre compromis.

Mais l'Autriche, soutenue par l'Allemagne dans son attitude intransigeante, fit, dès le début, échec à la convocation de cette conférence; elle refusa par avance de se soumettre à ses décisions et limita son rôle, si jamais elle se réunissait, au simple enregistrement dans un acte juridique international, des dispositions déjà arrêtées au préalable dans des traités particuliers. L'Europe, intimidée par la menace austro-allemande, a fini par consentir à cette procédure singulière, de sorte que des négociations directes se sont engagées entre la Turquie, d'une part, et la Bulgarie et l'Autriche, d'autre part.

LES NÉGOCIATIONS TURCO-BULGARES.

Elles ont assez vite abouti à l'acceptation réciproque du principe de la reconnaissance des faits accomplis moyennant le paiement d'une indemnité. Sans doute, le gouvernement de Sofia avait tout d'abord repoussé ce principe et prétendu que la Bulgarie maintenant indépendante ne pouvait vraiment s'astreindre à payer sous une forme détournée le tribut que, depuis longtemps, elle ne payait plus à la Turquie au temps de sa vassalité. Au reste, la perspective d'un conflit armé, loin de l'effrayer, lui faisait espérer des avantages nouveaux. Le nouveau Tzar des Bulgares dut, pourtant, sous la pression de l'Europe, dès l'abord sympathique à la Turquie, consentir au principe de cette indemnité. L'intervention amicale de la Russie désireuse d'arracher son ancienne protégée à l'influence autrichienne devait d'ailleurs lui faciliter cette solution, que l'état des finances bulgares eût rendu très difficile, si la principauté avait été réduite à ses seules ressources.

L'INTERVENTION RUSSE.

Cette intervention russe a eu pour point de départ le reliquat de l'indemnité de guerre

turque. A la suite de la guerre malheureuse
de 1877-1878, la Turquie s'était engagée à ver-
ser à la Russie une somme de 802.500.000 francs
à titre d'indemnité de guerre. Le vainqueur n'en
avait pas exigé le paiement immédiat, de façon
à conserver cette dette comme une menace en
réserve, toujours suspendue sur la Turquie, et
capable, au moment jugé opportun, de peser
lourdement sur ses décisions; de son côté, la
Porte, après quelques années écoulées, voulut
liquider cette situation. Des négociations entre-
prises à ce sujet en 1881 aboutirent, en mai
1882, à la signature d'une convention par laquelle la Russie abandonnait à la Turquie les intérêts échus et acceptait le paiement de l'indemnité
turque par versements annuels de 8 millions de
francs (350.000 livres turques). Les bonnes ré-
solutions du gouvernement turc furent d'ailleurs,
comme d'habitude, assez éphémères, et les ver-
sement annuels ne furent effectués que très ir-
régulièrement, en sorte que, à la fin de 1908,
la Turquie devait encore de ce chef à la Russie
près de 600 millions de francs.

Ceci posé, la proposition initiale russe, appuyée d'ailleurs par les cabinets de Paris, de
Londres et de Rome, consistait à proposer à la
Turquie de déduire de ces 600 millions l'indemnité de 82 millions que la Bulgarie consen-
tait à payer pour prix de son indépendance.

A cette proposition le grand-vizir répondit

en acceptant le principe de l'intervention russe, mais en en modifiant légèrement la modalité, Désireux d'en finir d'un coup avec l'indemnité de guerre, il offrait à la Russie au lieu de lui payer les 74 annuités encore dues, de la désintéresser par le paiement immédiat d'une somme de 50 millions et l'abandon de l'indemnité bulgare, que la Turquie estimait devoir être de 150 millions. Cela revenait à proposer l'équivalence de 200 millions payés comptant à 600 millions payés par annuités. La combinaison avait en outre au point de vue turc, l'avantage de rendre immédiatement disponibles les revenus affectés jusque-là au paiement, il est vrai assez irrégulier, des annuités de l'indemnité de guerre, de façon à faciliter par cette garantie, l'émission d'un emprunt dont les finances turques avaient le plus impérieux besoin.

L'ACCORD TURCO-BULGARE.

Après un certain nombre de propositions et de contre-propositions, les deux gouvernements sont arrivés au milieu du mois de mars à la conclusion d'un accord provisoire bientôt après confirmé par un protocole définitif signé le 20 avril 1909 à Constantinople. Aux termes de ce traité, « le montant de l'indemnité bulgare est « fixé à la somme de 125 millions de francs. « Pour en faciliter le règlement définitif, la Rus-

« sie fait remise à la Turquie du nombre d'an-
« nuités de la contribution de guerre due à la
« Russie qui aurait été nécessaire au cas où la
« Turquie aurait voulu obtenir cette somme au
« moyen d'un emprunt, étant données les condi-
« tions actuelles du crédit turc et du marché eu-
« ropéen.

« L'accord prévoit, en outre, la possibilité pour
« la Turquie d'amortir prochainement en une
« seule fois, par voie de capitalisation, le reli-
« quat de l'indemnité de guerre, déduction faite
« des annuités dont la Russie lui a fait remise,
« et dans certaines conditions de taux.

« De son côté la Turquie déclare renoncer à
« s'opposer à la reconnaissance de l'indépendan-
« ce bulgare ». (1).

Ainsi, s'est dénoué d'une façon pacifique le
conflit turco-bulgare. Le nouveau royaume a été
aussitôt reconnu par l'Europe. Ses relations avec
la Turquie n'ont pas, depuis lors, cessé d'être
bonnes; quelques incidents de frontière, d'ailleurs solutionnés avec un esprit de conciliation
réciproque, ne les ont pas troublées sérieuse-
ment, et la visite officielle du tzar Ferdinand
à Constantinople est venue en affirmer solennellement la cordialité. Les deux peuples ont, du
reste, le même besoin impérieux d'une paix durable. Par malheur, tous les Bulgares ne le com-

(1) Le texte de cette convention est emprunté à une étude
publiée par le journal des Débats.

prennent pas : il existe à Sofia un parti de mécontents qui, estimant médiocres les résultats de la dernière crise, désire et voudrait, imposer au gouvernement des conquêtes nouvelles; l'agitation ainsi créée dans les masses populaires n'est pas négligeable; car elle s'ajoute à l'intempestive propagande des anciens chefs de bande que les progrès de « l'ottomanisme » en Macédoine ont ramenés dans leurs pays d'origine. Il semble malgré tout, que l'énergie et la sagesse du gouvernement doivent en avoir finalement raison. et réussir ainsi à réserver pour l'avenir des ambitions encore prématurées.

CHAPITRE V.

Les conflits Austro-Turc et Austro-Serbe.

LE DIFFÉREND AUSTRO-TURC.

Le différend austro-turc a suivi un cours parallèle et s'est terminé d'une façon analogue.

Dans sa proclamation relative à l'annexion de la Bosnie et de l'Herzégovine, l'Empereur François-Joseph avait déclaré abandonner spontanément à la Turquie, à titre de compensation, les droits que lui avait conférés le traité de Berlin dans le Sandjak de Novi-Bazar, étroite langue de terre qui s'étend entre la Serbie et le Monténégro. La rétrocession, d'ailleurs, plus ou moins sincère et plus ou moins définitive de ce territoire au Sultan, son légitime propriétaire, n'était, bien entendu, qu'une compensation dérisoire; la Turquie ne pouvait s'en contenter. Elle protesta auprès des puissances signataires du traité de Berlin et, pour des raisons analogues à celles déjà exposées au sujet des négociations turco-bulgares, limita bientôt ses exigences à la demande d'une indemnité pécuniaire, tandis que les puissances, renonçant de leur côté à agir, laissaient la conversation se poursuivre directement entre Vienne et Constantinople.

LE BOYCOTTAGE ANTI-AUTRICHIEN.

Parallèlement aux efforts des diplomates du Sultan s'organisait dans toutes les provinces de son Empire et jusque dans les ports les plus reculés de la Tripolitaine, un boycottage énergique des marchandises d'origine autrichienne ou transportées par des navires autrichiens. Le mouvement commencé vers le 8 ou le 9 octobre à Constantinople, sur l'initiative d'un journal, « *Le Tanin* », se généralisa bientôt. Les entrepreneurs de débarquement et les débardeurs des ports firent, en cette circonstance, preuve du même patriotisme que les consommateurs de toutes les classes de la société. Le gouvernement turc ne prit aucune part officielle ni occulte à ce mouvement entièrement spontané et d'autant plus redoutable. Les conséquences en ont été graves. Le commerce autrichien a perdu en quelques mois des millions au profit de ses concurrents étrangers; et cette arme économique nouvelle, dont il était pour la première fois fait usage, avec une telle virtuosité, a peut-être été la défense la plus efficace de la Turquie contre l'Autriche.

LA CONCLUSION DE L'ACCORD.

Les négociations ont finalement abouti, le 26 février 1909, à la conclusion de l'accord austro-turc. La Turquie, acceptant, pour sa part, la situation de fait créée par l'annexion de la Bosnie et de l'Herzégovine, recevait de l'Autriche une indemnité de 57 millions de francs (2 millions 1/2 de livres turques); afin de ménager toutes les susceptibilités, il n'était pas fait allusion à la cession par le sultan de ses droits de souveraineté, et la somme qui lui était versée était considérée comme représentant la valeur des propriétés domaniales de la Turquie dans les deux provinces.

LA PROTESTATION SERBE.

Ce traité, profondément immoral, par lequel, sous les yeux d'une Europe impuissante ou complice, a été déchiré un pacte international solennel, et qui, en plein XXe siècle a brutalement changé la nationalité de deux provinces contrairement à leur volonté, ne devait pas mettre fin à tous les conflits suscités par le coup de force autrichien.

Un petit peuple avait, dès la première heure, protesté avec la dernière énergie contre cette violation du traité de Berlin qui l'atteignait à la fois dans ses droits historiques et dans ses intérêts matériels immédiats. La protestation serbe, entendue et encouragée dès l'origine par plusieurs grandes puissances, s'est dressée pendant plusieurs mois avec une inlassable opiniâtreté devant les empiètements de l'Autriche, et cette dernière n'a dû qu'à l'appui de l'Allemagne, d'en avoir finalement raison.

LE POINT DE VUE SERBE.

L'Autriche a affecté de considérer comme injustifiée la colère de la Serbie, sous le prétexte que, n'étant que co-signataire du traité de Berlin, elle n'avait pas qualité pour protester contre sa violation, sous le prétexte aussi qu'elle ne perdait rien au nouvel état de choses établi dans les Balkans, qu'elle y gagnait même à certains points de vue, par exemple par la rétrocession du Sandjak autrefois donné à l'Autriche pour empêcher la réunion du Monténégro à la Serbie.

Dommage économique.

Une pareille thèse est inadmissible. Sans doute, la Serbie n'a perdu dans la combinaison aucun territoire; et elle devait bien penser que, malgré tous les soins apportés par les diplomates de 1878 à qualifier de provisoire l'occupation autrichienne de la Bosnie et de l'Herzégovine, ces deux provinces seraient tôt ou tard assimilées par la monarchie des Habsbourg. Il n'en est pas moins vrai que la transformation en situation définitive et de droit d'une situation de fait qu'elle gardait l'espoir de voir modifier a lésé gravement ses intérêts économiques. L'annexion de la Bosnie-Herzégovine a coupé l'unique débouché des produits serbes vers l'Adriatique. Par son coup de force, l'Autriche ne leur a plus laissé d'issues que par des voies austrohongroises, c'est-à-dire qu'elle s'est réservé la possibilité de les leur fermer à sa volonté. La réalité du danger a été démontrée, d'ailleurs, au cours même du conflit actuel, par l'impossibilité où s'est trouvée la Serbie de recevoir le matériel de guerre que lui expédiait l'Europe Occidentale. Une telle situation équivaut pratiquement à une annexion économique, prélude presque fatal d'une annexion territoriale.

Dommage moral.

Ces considérations économiques ont ému dès le début le cabinet de Belgrade et la Skouptchina Serbe. Mais, le peuple lui-même, moins apte à en saisir l'importance, était amené par des arguments d'un tout autre ordre aux mêmes conclusions. Qu'il habite la Serbie, le Monténégro, la Bosnie, l'Herzégovine, la Croatie, la Slavonie, la Macédoine, — car la race serbe

peuple, au moins partiellement, toutes ces provinces, — le Serbe considère peu le groupement
juridique dans lequel le hasard l'a fait naître.
Au-dessus de toutes ces petites patries qu'il re-
garde comme provisoires, il place la grande patrie commune, la Panserbie, qui les englobe toutes, et dont il se considère comme le citoyen.
Cette conception, basée sur de grands souvenirs
historiques, loin d'être restée l'apanage d'une minorité de lettrés, s'est transmise de génération
en génération, et a profondément pénétré l'âme
populaire. Voilà pourquoi l'acte brutal de l'Autriche, prenant définitivement possession d'une
partie du territoire de la Panserbie, a soulevé
chez tous les Serbes une aussi violente émotion;
voilà pourquoi, oubliant les querelles particuliè-
res qui les divisaient la veille, et que la diplomatie
autrichienne avait habilement envenimées, Serbes et Monténégrins, à qui on volait l'idéal depuis des siècles chèrement caressé, se sont le-
vés d'un même bond; voilà pourquoi, leur enthousiasme nationaliste a secoué d'un même fris-
son la Slavie toute entière !

L'OPINION EN BOSNIE-HERZÉGOVINE.

Les provinces annexées n'ont pas manqué de
se solidariser, en la circonstance, avec leurs frères encore indépendants. Venus de la Posnanie
aux VI⁰ et VII⁰ siècles en même temps que

les Croates, les Bosniaques et les Herzégoviniens
sont nettement serbes d'origine et de traditions.
Ils ont, eux aussi, lutté longtemps contre l'invasion ottomane. Englobés au XVe siècle dans
l'Empire des Sultans, ils ont longtemps partagé
avec les autres peuples serbes, après l'héroïsme des derniers combats pour l'indépendance de
la race, l'amertume d'une servitude commune.
En partie convertis à l'Islamisme, ils ont cependant réussi à conserver une autonomie relative, et n'ont jamais perdu entièrement le souvenir de leur ancienne gloire ni l'espoir de la
restaurer. Leur insurrection de 1875, qui fut
le point de départ de la campagne turco-russe
de 1877 n'était qu'une dernière tentative pour
réaliser enfin la Panserbie rêvée. L'article 25
du traité de Berlin, en confiant provisoirement
à l'Autriche le soin de les administrer, anéantit brutalement leurs projets, mais ne parvint pas
à dissiper leurs dernières illusions.

L'Autriche, d'ailleurs, n'a rien fait pour éteindre leur irrédentisme. La politique qu'elle a
poursuivie chez eux depuis trente ans a été
uniquement inspirée par le souci de ses intérêts. Elle a favorisé le développement du catholicisme pour s'en faire un levier contre la majorité mahométane des habitants. Les chemins de
fer et les routes qu'elle se vante d'avoir tracés
répondent à des nécessités stratégiques, au lieu
de se plier aux intérêts économiques du pays. El-

le a, en outre, organisé en Bosnie-Herzégovine une véritable colonisation allemande destinée à noyer sous le flot des étrangers la population indigène. A tous les points de vue, les deux provinces sont bien inférieures dans leur développement aux régions voisines émancipées par le traité de Berlin. Il n'est donc pas étonnant que, loin de s'attacher à la dynastie de Habsbourg, les Bosniaques et les Herzégoviniens aient continué à se bercer du rêve de la Panserbie et à diriger vers Belgrade leurs désirs et leurs espérances.

C'est donc en un seul bloc que tous les peuples de race serbe, rapprochés par le malheur commun, ont fait entendre à l'Europe leur protestation indignée. Oubliant d'anciennes querelles, le gouvernement de Belgrade s'est rapproché de celui de Cettigne; et tandis que ce dernier déclarait que, en présence des violations du traité de Berlin déjà commises, il se considérait comme affranchi pour sa part des clauses de ce traité, (1), la Skouptchina votait à Belgrade des mesures militaires acceptées de tous avec enthousiasme, et le roi Pierre adressait sa protestation aux puissances signataires du traité de Berlin.

L'ATTITUDE DE L'EUROPE.

Celles-ci émues de la rupture d'équilibre créée

(1) Voir ci-dessous l'abrogation définitive de l'article 29 du traité de Berlin.

par l'Autriche à son profit dans les Balkans,
ne marchandèrent pas, au début, leur sympathie
au petit peuple qui se déclarait prêt à combat-
tre pour son indépendance. La Russie se montra
particulièrement disposée à le soutenir. Ce n'était,
d'ailleurs, pas la première fois qu'elle se trouvait opposée à l'Autriche dans ces régions. Tout
récemment, elle avait fait échec au projet du chemin de fer de Sarajewo à Mitrovitsa à travers
le Sandjak de Novi-Bazar, lequel eût ouvert à
l'Autriche la porte de la Macédoine. Elle avait
réussi à faire adopter (sans trop s'inquiéter des
difficultés matérielles qu'il présenterait entre Mitrovitsa et l'Adriatique), le tracé de la ligne Danube-Adriatique, destinée à créer aux produits
serbes et bulgares un débouché peut-être un peu
illusoire (1) vers l'Adriatique: Elle était, d'autre part, amenée à prendre la tête du mouvement
serbophile par sa communauté d'origine avec les
populations slaves de la péninsule, dont elle
s'est toujours regardée comme la tutrice naturelle. La France et l'Angleterre prêtèrent leur
appui diplomatique à la Russie. Ainsi fut cons-
tituée une triple entente à laquelle s'associa par
instants et assez mollement d'ailleurs, surtout
au début, l'Italie, gênée dans son action par ses

---

(1) Cf. Victor Bérard. La Révolution Turque. Les récents
voyages du roi de Serbie à St-Pétersbourg et à Constantinople
ont vraisemblablement abouti à l'adoption définitive du tracé
Danube-Adriatique avec débouché dans le Monténégro et
peut-être en Albanie.

engagements avec la Triple Alliance (1). Du côté de l'Autriche venait se ranger l'Allemagne, en fidèle alliée, affirmait-elle, et, peut-être, en voisine perfide prête à la pousser aux solutions extrêmes de façon à profiter au besoin de ses fautes.

L'OPPOSITION AUSTRO-ALLEMANDE A LA RÉUNION D'UNE CONFÉRENCE. — LES NÉGOCIATIONS DIRECTES,

Ainsi posé, le conflit austro-serbe, dans lequel toute l'Europe prenait parti, semblait devoir être une question éminemment européenne et relever d'une conférence. L'inébranlable opposition austro-allemande eut, sur ce point encore, raison de la volonté commune des puissances, Celles-ci restèrent dans la coulisse, et, sur la scène, on n'entendit plus que le dialogue dramatique qui se poursuivait directement entre Vienne et Belgrade. Chaque concession serbe augmentait les exigences autrichiennes. L'Europe inter-

(1) Il a été dit que la Russie et l'Italie avaient souscrit par avance à l'assimilation de la Bosnie-Herzégovine par l'Autriche. Ainsi s'expliquerait en particulier l'attitude un peu hésitante de l'Italie. Mais en dehors même des démentis catégoriques opposés à cette affirmation, il semble qu'elle soit encore combattue d'une façon suffisante par ce que l'on sait de l'entrevue du tzar et du roi d'Italie à Racconigi.

venait alors pour conseiller à la Serbie de s'y soumettre. La Serbie se résignait, et M. d'Aerenthal se hâtait d'élever une prétention nouvelle qu'une nouvelle intervention de l'Europe conduisait la Serbie à accepter encore.

Il est pénible de mesurer le terrain que cette scène renouvelée plusieurs fois a fait perdre à la Serbie et à l'Europe, dans la poursuite acharnée d'une paix fragile qui ne semblait raffermie un jour que pour être de nouveau compromise le lendemain par cette suite de coups de théâtre imprévus et contradictoires que le journal « Le Temps » à comparés si justement aux oscillations d'un pendule.

La première concession serbe a été l'abandon du principe de l'autonomie de la Bosnie-Herzégovine sous la suzeraineté du Sultan, puis sous celle des Habsbourg. La demande d'une compensation territoriale prise dans la partie orientale de l'Herzégovine et assurant aux peuples serbes un débouché sur l'Adriatique, n'a pas été non plus maintenue longtemps. L'Autriche n'a pas tardé à interdire la recherche, sur le territoire turc, du côté du Sandjak de Novi-Bazar, de cette communication avec l'Adriatique, que la Porte aurait été peut-être disposée à accorder, même à ses dépens, pour interposer la Serbie comme une barrière devant la poussée autrichienne. Le cabinet de Vienne a exigé plus encore. Alors la Serbie a successivement borné son ambition à des compensations économiques ; puis, sentant l'Europe de moins en moins décidée à la soutenir, elle s'est contentée de remettre sa cause entre les mains des puissances, sans préciser aucun desideratum. Pendant que l'Autriche mobilisait plus de 200.000 hommes sur ses frontières, elle a dû licencier ses réservistes et arrêter ses armements.

L'Angleterre a vainement cherché une formule transactionnelle capable de satisfaire le cabinet de Vienne. Celui-ci lui a opposé la plus brutale intransigeance.

LA SOLUTION DE LA CRISE

Le dernier acte de la longue tragédie s'est enfin joué dans les derniers jours du mois de mars 1909. L'Allemagne, prête à mobiliser ses contingents, a exigé de la Russie la reconnaissance immédiate des faits accomplis (1). Peu confiante dans son armée désorganisée par ses défaites en Extrême-Orient, profondément troublée, d'ailleurs, par une crise révolutionnaire récente, plus compromise, peut-

---

(1) Les historiens sont divisés sur la nature de l'intervention allemande. Les uns veulent y voir un véritable chantage militaire. D'autres remarquent qu'une menace allemande eût été sans gravité, l'Empire ne pouvant disposer que d'un petit nombre de corps d'armée sur la frontière russe. Il s'agirait donc plutôt, d'après eux, d'une pression amicale à laquelle la Russie aurait cédé.

être, qu'elle ne l'avouait, par ses négociations secrètes de Buchlau avec l'Autriche, la Russie dut céder devant cette menace. L'Angleterre et les autres puissances, entraînées par son exemple cédèrent à leur tour, et, d'un commun accord conseillèrent au roi Pierre l'abdication suprême. La Serbie, longtemps bernée par les encouragements de l'Europe, et désormais abandonnée par elle, accepta cette dernière humiliation. M. d'Aerenthal voulut bien, cette fois, s'en contenter.

La note serbe était ainsi conçue :

« La Serbie reconnaît qu'elle n'a pas été at-
« teinte dans ses droits par le fait accompli créé
« en Bosnie et Herzégovine; elle se conformera,
« par conséquent, à telle décision que les puis-
« sances prendront par rapport à l'article 25
« du traité de Berlin.

« Se rendant aux conseils des grandes puis-
« sances, la Serbie s'engage, dès à présent, à
« abandonner l'attitude de protestation et d'op-
« position qu'elle a observée à l'égard de l'an-
« nexion depuis l'automne dernier.

« Elle s'engage, en outre, à changer le cours
« de sa politique actuelle envers l'Autriche-Hon-
« grie, pour vivre désormais avec cette dernière
« sur le pied d'un bon voisinage.

« Conformément à ces déclarations, et confiante
« dans les intentions pacifiques de l'Autriche-
« Hongrie, la Serbie ramènera son armée à l'état

« où elle se trouvait au printemps de 1908, en
« ce qui concerne son organisation, sa dislocation
« et son effectif; elle désarmera et licenciera ses
« volontaires et ses bandes, et elle empêchera la
« formation de nouvelles unités irrégulières sur
« son territoire. »

QUESTIONS ANNEXES.
LE MONTÉNÉGRO ET L'ARTICLE 29 DU TRAITÉ DE BERLIN.

Peu de jours après la conclusion de l'accord
austro-serbe, la question monténégrine était également réglée. A la suite de négociations directes entre les deux cabinets intéressés, une convention, signée le 2 avril 1909, abrogeait l'article 29 du traité de Berlin et libérait ainsi la principauté de la tutelle autrichienne.

Une dernière consécration manquait encore au
Monténégro: il ne l'attendra plus longtemps. Le
14 août prochain, à l'occasion du cinquantième
anniversaire de l'avènement du prince Nicolas, la
principauté sera érigée en royaume. Les puissances ont souscrit sans difficulté à cette transformation, toute de forme, et qui semble même
n'avoir pas, jusqu'ici, réveillé les susceptibilités
serbes. L'empressement avec lequel l'Europe a
accédé au désir exprimé en la circonstance par
le prince Nicolas, est, en tous cas, une preuve
des sympathies que le Monténégro a su s'acqué-

rir, et qui n'ont, d'ailleurs, fait que grandir au cours de la dernière crise.

LA QUESTION DES DÉTROITS.

La clause du traité de Berlin relative à la question des détroits, sans être ouvertement discutée, a été cependant, au cours de ces deux dernières années, l'objet d'échanges de vues entre les chancelleries européennes; ces négociations sont restées secrètes et n'ont d'ailleurs abouti, jusqu'ici, à aucune solution définitive.

L'interdiction du passage du Bosphore et des Dardanelles par les navires de guerre date de 1809; elle a été successivement confirmée en 1841 par la Convention des détroits, en 1856 par le traité de Paris, en 1871 par la Convention de Londres, enfin, en 1878, par le traité de Berlin.

Les derniers événements ont ramené sur ce point l'attention de la Russie, longtemps hypnotisée par les affaires d'Extrême-Orient; et il semble bien, malgré tous les démentis officiels, que M. Isvolski l'a examiné à Buchlau avec l'Autriche, à Cowes avec l'Angleterre.

Mais il lui a suffi, sans doute, de poser une question dont la solution immédiate ne présentait pour lui aucune urgence: la Russie, préoccupée par sa réorganisation intérieure, ne peut guère, en effet, avoir en ce moment des ambitions maritimes. Que lui importe, d'ailleurs, l'existence ou la non existence de conventions qui peuvent, au gré des circonstances, être ou n'être pas respectées ? S'assurer, au moment voulu, l'alliance ou la complicité de la Turquie, maîtresse du passage, telle est la solution pratique de la question des Détroits.

Quoi qu'il en soit, la Russie trouvera, là encore, la France et l'Angleterre prêtes à la soutenir. Ces deux puissances auraient, en effet, tout à gagner à l'entrée en ligne d'une force maritime russe dont la présence en Méditerranée leur permettrait de concentrer leurs propres forces sur le théâtre principal de la mer du Nord.

CHAPITRE VI.

La Question Crétoise

LES ORIGINES DE LA QUESTION CRÉTOISE.

Posée la dernière devant l'opinion européenne, la question Crétoise n'a encore reçu qu'une solution essentiellement provisoire.

L'Ile de Crète, qui se réclame aujourd'hui, si énergiquement de la patrie grecque, et que la Grèce, de son côté, revendique comme une partie de son patrimoine est bien réellement peuplée en très grande partie par des Chrétiens de race grecque (1); mais, en dépit des affirmations intéressées des Crétois et des Hellènes, elle n'a jamais été politiquement réunie à la Grèce; la séparation des deux peuples était même si complète que leur histoire n'a conservé le souvenir

(1) Il y a en Crète 300.000 Crétois de religion grecque et 25.000 musulmans, de même race, mais restés attachés au Sultan. Il n'y a plus de Turcs dans l'île, qui est, par suite, uniquement peuplée d'autochthones proches parents des Grecs.

d'aucune action militaire commune (1). Pendant toute la période hellénique, l'île demeura indépendante, partagée entre plusieurs cités rivales en lutte perpétuelle pour l'hégémonie; la domination romaine, puis l'autorité byzantine s'appesantirent successivement sur elle; les Arabes la possédèrent pendant plus d'un siècle; de nouveau rattachée à l'Empire latin d'Orient, elle tomba ensuite au pouvoir de Venise, et fut enfin conquise par les Turcs au XVIIe siècle, malgré l'intervention des secours envoyés par Louis XIV aux Vénitiens (2). Les prétentions gréco-crétoises ne reposent donc sur aucune réalité historique. Elles auraient, malgré tout, entraîné vraisemblablement en 1829 l'annexion de l'île au nouveau royaume, si l'Angleterre, que la situation stratégique et commerciale de « cette sentinelle de l'Archipel et des bouches du Nil » avait dès longtemps attirée, n'eût voulu se réserver la possibilité de s'y établir tôt ou tard. C'est aux intrigues anglaises que l'île dut son régime bâtard, sorte d'autonomie garantie par les puissances, et limitée par le maintien de la suzeraineté du Sultan.

Ce compromis, qui blessait les Crétois sans

(1) A moins de remonter jusqu'aux traditions homériques qui font commander par Idoménée des troupes crétoises au siège de Troie !

(2) Expédition dite « de Candie » commandée par le duc de Beaufort.

contenter les Turcs, et sans ôter, d'ailleurs, toute espérance aux Grecs, renfermait le germe des luttes sourdes, des rivalités, des violences, des désordres et des massacres dont la longue série ensanglante l'histoire de la Crète au XIXᵉ siècle.

Une tentative de débarquement du prince Georges de Grèce et du colonel Vassos en Crète fut le point de départ de la guerre turco-grecque de 1897 que l'intervention européenne (1) empêcha d'aboutir à l'écrasement complet de la Grèce.

La France, l'Angleterre, la Russie et l'Italie élaborèrent alors, d'un commun accord, un nouveau compromis, d'ailleurs favorable aux Crétois.

Son application mit fin aux désordres et aux violences au milieu desquels ils s'étaient jusqu'alors débattus. En voici les stipulations essentielles : la Turquie retirait de Crète ses contingents, et remettait l'Ile comme un dépôt aux quatre puissances protectrices. Celles-ci s'engageaient à y maintenir la suzeraineté ottomane. Elles y débarquaient quelques troupes, y organisaient une gendarmerie italienne, et dotaient le pays d'une administration et d'un gouvernement autonomes sous la direction du prin-

(1) L'Allemagne et l'Autriche refusèrent de se joindre aux autres puissances.

ce Georges de Grèce, choisi comme « haut commissaire ».

A partir de ce moment, l'attitude du Sultan n'a pas cessé d'être correcte à l'égard des Crétois. Par contre, ces derniers, loin de considérer la pacification de leur pays et le régime d'ordre et de liberté dont ils jouissaient comme un résultat suffisant de leurs efforts, continuèrent à s'agiter. Confiants dans la sympathie de l'Europe, travaillés par les intrigues helléniques, encouragés peut-être par les avances occultes de l'une des puissances protectrices, laquelle n'a sans doute pas encore oublié la vieille formule de Crispi : « Candie grecque signifie Tripoli italienne », et dont tout nouvel amoindrissement du domaine turc augmente d'ailleurs les espérances albanaises, ils ne cachèrent bientôt plus leurs impatiences. Le Prince Georges, accusé d'impéritie, et, en réalité, rendu responsable du retard d'une annexion qu'on avait rêvée plus prochaine, ne put se maintenir à la tête du gouvernement de l'île. Une commission d'enquête internationale se réunit alors, et apporta en 1906 de nouvelles améliorations au statut crétois : elle accorda quelques réformes administratives, la substitution à la gendarmerie italienne d'une milice locale encadrée par des officiers grecs, le remplacement du prince Georges par un homme d'Etat choisi malgré les protestations du Sultan, par le roi de Grèce, et qui fut M.

Zaïmis, enfin la promesse de l'Europe de retirer de l'île les contingents internationaux avant la fin du mois de juillet 1909, si l'ordre et la tranquillité se maintenaient jusqu'à cette date en Crète.

LA PROCLAMATION DE L'ANNEXION.

Telle était la situation au moment où la révolution jeune-turque éclatant à Constantinople, et l'exemple donné par la Bulgarie, l'Autriche et le Monténégro, vinrent réveiller la question à peine assoupie. Le résultat ne se fit pas attendre : Le 15 octobre 1908, la Crète proclamait solennellement son annexion à la Grèce.

Dès l'abord, par une espèce d'entente tacite, les puissances, préoccupées par les autres difficultés de la crise balkanique, remirent à plus tard l'examen de la question. La Grèce elle-même, résignée à de longs délais, se borna à mettre en avant le principe d'une compensation pécuniaire, et celui d'une conférence internationale. La Crète, cependant, laissait entendre que le départ prochain des contingents internationaux pourrait bien faire faire un pas décisif à la cause de l'annexion. Quant à la Turquie, elle ne cessait de protester, d'en appeler à l'Europe, et d'armer avec fièvre. Si, en effet, la puissance de l'adversaire lui avait imposé une certaine prudence vis-à-vis de l'Autriche et même de la Bulgarie, il n'en pouvait être de même vis-à-vis de la Grèce; le souvenir des victoires de 1897, le sentiment d'une supériorité militaire qui, depuis, n'avait fait que s'accroître, le spectacle d'une Europe divisée et peu soucieuse d'intervenir, tout concourait, cette fois, à augmenter l'intransigeance de la Sublime-Porte. Il lui était d'ailleurs difficile, surtout lorsque le gouvernement fut aux mains d'une dictature militaire, d'accepter une humiliation nouvelle, qui pouvait être le signal d'une curée définitive, et risquait, en tout cas, de discréditer à jamais à l'intérieur un régime déjà responsable d'un premier démembrement.

LE RETRAIT DES CONTINGENTS INTERNATIONAUX
ET L'INCIDENT DIT « DU DRAPEAU ».

Sur ces entrefaites, le retrait des contingents internationaux, considéré depuis longtemps par les Crétois comme un encouragement tacite de l'Europe, s'effectua le 26 juillet en dépit des protestations turques, et vint encore aggraver la crise. C'est en vain que les quatre puissances protectrices avaient eu soin d'envoyer chacune un stationnaire dans les eaux crétoises, de conseiller le plus grand calme aux populations, et de proclamer solennellement leur respect des droits en présence et leur intention de ne préju-

ger en rien l'avenir (1). L'embarquement des dé-
tachements européens n'en détermina pas moins
une vive effervescence dans l'île. L'attitude des
Crétois y devint agressive vis-à-vis des Musulmans, et le drapeau grec fut aussitôt hissé sur
la citadelle de la Canée et sur les principaux
monuments.

La Porte protesta officiellement contre cette
provocation, et l'opinion turque, surexcitée,
inaugura en même temps un régime de boycottage analogue à celui qui avait si bien réussi
contre l'Autriche. Il était cette fois dirigé contre
la Grèce, rendue responsable de l'attitude des
Crétois.

C'est alors que commença entre Constantinople et Athènes un échange de notes diplomatiques
souvent très vives; leur ton a, par instants, in-
quiété l'Europe ; pourtant, la disproportion même des forces en présence permettait d'escomp-
ter de la part de la Grèce une attitude finale me-
surée et conciliante et rendait, par suite, peu
probable la perspective d'un conflit armé.

La première note turque fut présentée le 6 août
au gouvernement grec; elle lui demandait de dé-
savouer les chrétiens crétois qui réclamaient l'annexion, et de déclarer qu'il ne ferait rien lui-même pour la déterminer; elle le sommait, en outre,

(1) Voir déclarations de M. Pichon, Ministre des Affaires
Etrangères, le 5 juillet 1909.

de mettre un terme, à l'agitation provoquée dans l'île par les officiers grecs qui y séjournaient (1) Cette note, dont le ton était presque comminatoire, avait le tort de mêler officiellement la Grèce à la question crétoise qui se trouvait être du ressort exclusif des puissances.

La réponse grecque fut en tous points digne de la vieille réputation d'habileté des diplomates de ce pays. Après avoir rappelé la sympathie qui avait accueilli, à Athènes, le succès de la Révolution jeune-turque, elle protestait des sentiments pacifiques du peuple grec; au sujet de la question crétoise, elle rappelait avec à-propos que l'île étant un dépôt aux mains des quatre puissances protectrices, le devoir de la Grèce était de s'en remettre à leur décision sans même chercher à intervenir auprès d'elles; elle concluait enfin, en déclarant que « la Grèce, n'étant nullement impliquée dans le mouvement annexionniste, observerait à l'avenir la même attitude correcte et loyale que par le passé ». Les quatre puissances protectrices, auxquel-

---

(1) Parmi les officiers grecs régulièrement inscrits dans la milice crétoise, beaucoup comptaient encore dans les cadres de l'armée hellénique contrairement aux conventions internationales imposées à la Grèce. En outre, un grand nombre d'officiers hellènes, sans exercer aucun commandement, résidaient en Crète où ils organisaient l'agitation. La Turquie réclamait le rappel dans la métropole des officiers de ces deux dernières catégories, ou leur radiation effective des cadres de l'armée hellénique.

les s'étaient jointes, cette fois, l'Allemagne et l'Autriche, firent entendre à Constantinople un langage analogue. La note grecque produisit dans toutes les chancelleries une excellente impression. Le gouvernement Crétois lui-même, un peu effrayé, d'ailleurs, par l'attitude menaçante des puissances, parut prêt à céder et demanda du temps pour préparer l'opinion publique à la déception qui l'attendait.

Cependant, le drapeau grec flottait toujours sur la citadelle de la Canée, et la Turquie, impatiente, menaçait d'aller l'abattre elle-même si les puissances ne se chargeaient de l'opération. Dans tout l'empire, l'opinion publique surexcitée accentuait le boycottage grec malgré l'effort du gouvernement pour le limiter; tous les partis poussaient à la guerre; un mouvement anti-chrétien assez violent commençait à se dessiner en Macédoine et en Epire.

C'est à ce moment que fut lancée la seconde note turque; elle était plus violente encore que la première; (1) en outre, la question de la propagande hellénique en Macédoine y était introduite assez inconsidérément; tout en reconnaissant, en effet, la réalité des intrigues reprochées aux officiers grecs en Macédoine (2) il ne faut

(1) Il y était question du rappel éventuel de l'ambassadeur.

(2) La meilleure preuve en est que M. RHALLYS, en remplaçant au pouvoir M. THEOTOKIS, a rappelé officiellement 200 officiers grecs de Macédoine.

pas oublier que les affaires de cette province étaient placées sous le contrôle de l'Europe; la Turquie était donc mal fondée à chercher de ce côté un « casus belli » contre la Grèce. Aussi, les puissances, s'interposèrent-elles, pendant qu'elles intervenaient d'autre part auprès de la Grèce pour lui conseiller plus que jamais la modération.

Le conflit touchait, d'ailleurs, à sa fin. Le 17 août, à la Canée, une escadre internationale adressa au gouvernement provisoire crétois un ultimatum exigeant la disparition du drapeau grec avant le lendemain matin; en cas de refus, le drapeau devait être abattu par une compagnie de débarquement. Le gouvernement crétois ne voulut pas se soumettre; il préféra se retirer, après avoir, toutefois, conseillé le plus grand calme aux habitants. Le 18 août au matin, un détachement international descendit à terre, abattit la hampe du drapeau séditieux et rentra à bord, ne laissant derrière lui que quelques hommes et une section de mitrailleuses (1). Aucun incident ne se produisit : la sagesse de la population épargna à la ville le bombardement qui la menaçait.

De ce côté, la Turquie recevait donc pleine satisfaction. Le même jour (2) lui était remise

(1) Ces derniers éléments quittèrent à leur tour l'île le 1er septembre 1909.

(2) Le 17 août 1909.

la deuxième réponse grecque : le gouvernement hellénique, animé des sentiments les plus conciliants, y blâmait le zèle de ses agents macédoniens et promettait de leur imposer, à l'avenir, une attitude plus correcte; il s'engageait, en outre, de la façon la plus catégorique, à ne pas encourager l'agitation en Crète et à s'en remettre, au sujet du statut crétois, à la décision des puissances protectrices.

La double victoire du 17 août produisit aussitôt en Turquie une détente générale; le gouvernement parvint à arrêter entièrement le boycottage des produits grecs à Constantinople et bientôt après dans tout l'Empire. Des relations normales unirent à nouveau les deux pays.

LA DEUXIÈME TENTATIVE CRÉTOISE.
LES CANDIDATURES CRÉTOISES ET L'AF-
FAIRE DITE « DU SERMENT ».

Mais la trêve devait être de courte durée. L'Europe, et en particulier les quatre puissances protectrices et la Triple Entente auraient cependant bien voulu gagner du temps et laisser, de part et d'autre, les passions s'apaiser. De son côté, la Grèce se sentait la plus faible, en face d'un adversaire avide de revanches; le double pronunciamento de son armée et de sa marine, l'invraisemblable dictature de sa « Ligue Militaire » l'ont éclairée, s'il en était besoin, sur les vices d'une organisation militaire compro-

mise par les agissements de politiciens sans scru-
pules; menacée d'une crise dynastique, divisée
par des dissentiments religieux, préoccupée de
réformes intérieures, en proie à une anarchie
grandissante, elle aurait désiré, sans nul doute,
pouvoir, après cette première alerte, se désintéresser momentanément de la question crétoise.

Mais les Crétois en ont décidé autrement. Il
ne leur a pas suffi de commander à Athènes par
l'intermédiaire de la trop fameuse Ligue Militaire et de M. Vénizélos, président de leur
comité exécutif; ils ont conçu d'autres ambitions : sous couleur de s'annexer à la
Grèce, ils ne veulent rien de moins que s'annexer la Grèce. Aussi leur effervescence, loin
de s'éteindre après les événements d'août 1909,
ménageait-elle à l'Europe de nouvelles surprises.

Un premier incident fut soulevé par leur prétention de se faire représenter à l'Assemblée
Nationale qui doit, à Athènes, au mois de septembre prochain, procéder à la revision de la
Constitution si impérieusement exigée par la
Ligue Militaire. Les protestations turques, les
menaces européennes, l'attitude même de la Grèce ne sont pas encore parvenues à écarter définitivement ce premier danger (1).

(1) L'assemblée revisionniste devait, d'après le projet primi-
tif, comprendre des députés de tous les cantons de la « Grande
Grèce ». M. Venizelos, — qui s'est d'ailleurs fait naturaliser citoyen grec, et que l'on a pu, à un moment donné, soupçonner

Un second incident n'avait d'ailleurs pas tardé à surgir. Le 9 mai 1910, à la Canée, l'Assemblée Nationale crétoise était ouverte par son président, M. Scoloudis, au nom du roi de Grèce, à qui les 124 députés chrétiens de l'île prêtaient aussitôt serment. La protestation des 15 députés musulmans était immédiatement couverte par les huées de l'Assemblée, laquelle prétendait bientôt leur imposer, ainsi qu'à tous les fonctionnaires de l'île, le même serment. Le principe de l'annexion à la Grèce proclamée par l'Assemblée précédente le 12 octobre 1908., recevait ainsi la plus éclatante des confirmations.

Cet incident était, à vrai dire, dès longtemps prévu; et le ministre ottoman des affaires étrangères, Rifaat Pacha, en avait même fait par avance, à la date du 20 avril, l'objet d'une note circulaire aux quatre puissances protectrices, circulaire qui avait provoqué de la part de chacune d'elles l'envoi d'un croiseur dans les eaux

sans trop d'invraisemblance de chercher à substituer à la dynastie régnante à Athènes une dictature dont il se fût fait investir — avait immédiatement posé sa candidature à cette Assemblée. Plusieurs notabilités crétoises avaient suivi son exemple. Mais la Turquie ayant déclaré qu'elle considérerait comme un « casus belli » l'élection des candidats Crétois, M. Venizelos renonça pour son compte. Des arrangements survenus entre les chefs des différents partis grecs stipulaient de leur côté l'abandon des candidatures crétoises. L'incident pouvait donc à bon droit être considéré comme clos, lorsque le bruit se répandit de nouveau. Il y a quelques jours, que M. Rhallys s'obstinait à comprendre cinq Crétois sur sa liste.

crétoises. On a vu plus haut le peu d'efficacité de cette mesure.

L'irritation fut grande en Turquie. La foule atteinte dans son patriotisme, et peut-être obéissant aux suggestions de concurrents habiles, y reprit contre les commerçants grecs et leurs marchandises son arme favorite, le boycottage économique. Le Sultan, de son côté, saisit l'Europe d'une nouvelle plainte. Des notes coururent de chancellerie à chancellerie. Des avis opposés se firent jour. La France, désireuse d'une solution définitive proposait la réunion à Londres d'une conférence internationale; l'Angleterre, peut-être sous l'influence personnelle du roi de Grèce, venu à Londres lors des funérailles d'Edouard VII, semblait hésitante; la Russie, prenant les devants, proposait la réoccupation immédiate de l'île par les quatre puissances protectrices; l'Allemagne et l'Autriche, affectaient de nouveau de se désintéresser, comme par le passé, de la question, et chacun se demandait quel piège pouvait cacher ce « splendide isolement ».

Parties, comme on le voit, de points de vue assez différents, les quatre puissances protectrices sont enfin parvenues, après plusieurs journées d'actives négociations, à élaborer un programme commun : écartant la proposition russe, elles se sont bornées, mesures peut-être insuffisantes, à doubler autour de l'île le nombre de leurs navires de guerre, et à exiger des autorités crétoises l'abandon du serment hellénique, sommation appuyée par la menace d'un débarquement et de la saisie des douanes locales, afin de couvrir les frais de l'opération. En outre, une note collective a été remise par elles au Sultan, le 26 juin: les puissances protectrices, reconnaissant à nouveau « ses droits souverains » sur la Crète, lui ont exprimé le regret de ne pouvoir, seules, régler le statut crétois, l'ont invité à s'adresser, s'il désire une solution définitive, à l'ensemble des puissances signataires du traité de Berlin et à prendre, en attendant, des mesures efficaces pour calmer la surexcitation des esprits dans l'Empire et mettre fin au boycottage anti-grec.

Les puissances tout en reculant devant la responsabilité d'une solution définitive, ont donc infligé, malgré tout, un nouvel échec aux Crétois. Ceux-ci ne pouvaient que s'y résigner: ils l'ont bien compris et le 9 juillet, leur Parlement a accepté par 55 voix contre 4 l'ultimatum qui lui était présenté. Pourtant l'opposition est loin d'avoir désarmé. Ses chefs, MM. Michelidakil et Koundros n'ont consenti à s'abstenir que pour éviter à leur pays la colère de l'Europe. Mais ils n'ont pas manqué d'exiger l'ajournement à 4 mois de l'Assemblée; les députés musulmans ne siégeront donc pas encore de sitôt à la Canée.

La difficulté reste ainsi à peu près entière. Aussi la Turquie, que ne trompe point cette soumission apparente, demande-t-elle à nouveau à l'Europe de mieux garantir ses droits ; cependant elle donne à ses préparatifs militaires une impulsion nouvelle.

Espérons, malgré tout, que M. Venizelos et la la majorité crétoise, qui paraissent avoir désormais conscience des dangers de la situation, parviendront à en convaincre à leur tour leurs adversaires. Il faut, d'ailleurs, reconnaître à la décharge des Crétois, qu'ils n'ont jamais prétendu tenir tête à l'Europe ; l'impossibilité de la résistance, — ils viennent de le montrer une fois de plus, — leur apparaît tout de suite en face d'une volonté forte ; par malheur, celle de l'Europe a souvent, vis-à-vis d'eux, manqué de netteté et surtout d'énergie ; or l'amour-propre des Crétois se refuse aux soumissions trop promptes : obéissants à tous les ordres, ils ont un sentiment faux de leur dignité, qui les rend rebelles à tous les conseils.

Gardons-nous, au surplus, de nous apitoyer trop vite. L'Europe, n'en doutons point, a fait tout son devoir vis-à-vis des Crétois. Son intervention les a mis définitivement à l'abri des vexations et des violences dont ils souffrirent si longtemps, et a rendu purement théorique le lien qui les rattache au sultan ; celui-ci n'est d'ailleurs plus le maître fanatique d'autrefois. Dans ces conditions, la lamentation crétoise n'est plus qu'un vain bluff ; et les ambitions qu'elle cache sous ses prétendues bases historiques ont

mis en danger trop souvent déjà la paix de
l'Europe !

« Ce qu'on offre aux Crétois, disait récemment
« encore Rifaad Pacha, n'est pas négligeable.
« L'autonomie sous la souveraineté turque, avec
« un statut précisé par les puissances protectri-
« ces lui évitent de notables charges qui résul-
« teraient aux points de vue fiscal et militaire,
« de l'union avec la Grèce. Elle lui permet, par
« les facilités douanières qu'elle lui assure en
« Turquie, le développement d'un commerce déjà
« important. Il n'y a donc aucune raison de fait
« qui milite contre les raisons de droit. Le fait
« et le droit sont en faveur de notre thèse ».

Rien de plus exact. La Crète ne souffre plus
guère que « dans son imagination », et l'on sou-
haiterait que l'attitude correcte à laquelle elle
semble enfin se résigner fût, cette fois, définitive.

C'est son intérêt, c'est aussi celui de la
Grèce.

Ainsi que l'écrivait spirituellement M. Francis
Charmes (1), « Si la Crète désire ardemment
« l'union avec la Grèce, c'est qu'elle l'aime com-
« me on aime la mère patrie ; elle doit donc s'abs-
« tenir d'un zèle indiscret qui déchaînerait contre
« la Grèce les pires dangers.... La Grèce n'est
« pas prête à soutenir ces redoutables aventu-

(1) Revue des Deux Mondes. 1er septembre 1909. Chronique
de la Quinzaine.

« res, et la Crète, en l'y exposant, lui donnerait
« une singulière marque de son affection et de
« son dévouement. Il y a des amours qui tuent :
« celui de la Crète serait peut-être de ceux-là
« s'il devenait trop impatient ou trop exigeant ».

CHAPITRE VII

Conclusion. — La question d'Orient dans l'avenir.

Il est, nous l'avons dit, difficile de préjuger l'avenir de la rénovation jeune-turque. Quoi qu'il en soit, — et même en laissant de côté la question crétoise qui n'a abouti, on l'a vu, qu'au maintien d'un statu quo provisoire, — il serait, à coup sûr, imprudent de considérer comme définitive la solution pacifique en apparence, et, dans le fond, infiniment brutale qui vient d'être donnée aux multiples conflits soulevés par la crise balkanique.

La Russie, qui fut la grande vaincue de M. d'Aerenthal, ne voudra peut-être pas rester éternellement sous le coup d'une défaite contre laquelle son opinion publique a, dès le début, violemment protesté. L'entrevue de Racconigi a été de sa part une manifestation peu équivoque de mauvaise humeur. Depuis lors, il s'est produit, il est vrai, une détente austro-russe que les chancelleries ont célébrée à l'envi. Mais ce nouvel accord marque tout au plus la reprise de relations normales entre les deux états : il ne

limite pas leur initiative, et n'engage en rien
l'avenir. Dans quelques années, quand la Russie
estimera suffisante sa réorganisation militaire,
il est possible qu'elle rouvre à son tour la question d'Orient, et que la menace allemande, si elle
se produit encore, ne suffise plus, cette fois,
à l'intimider.

LES AMBITIONS AUTRICHIENNES.

D'autre part, les Autrichiens n'ont obtenu,
par leur victoire diplomatique, qu'une demi-réa-
lisation de leurs désirs. Ce n'est pas, en effet,
dans le seul but de régulariser un état de choses déjà vieux de trente ans, qu'ils ont bravé
les risques d'un conflit général d'issue incertaine.
Et si, au surplus, la possession des deux provinces en litige eût été leur seule ambition, il
n'était pas besoin d'un tel déploiement de forces,
pour la leur assurer; la conférence internationale, dont ils ont si obstinément rejeté la convocation, se fût certainement inclinée devant le
fait accompli.

Mais leur but réel était autre, et ne tendait
vraisemblablement à rien de moins qu'à l'annexion de la Serbie et du Monténégro et à la
constitution d'un grand État jougo-slave du Sud,
qui eût embrassé à la fois la Croatie, la Dalmatie,
la Slavonie, la Bosnie, l'Herzégovine, le Monténégro et la Serbie, fait contre-poids à la Hongrie,

et changé le dualisme Austro-Hongrois actuel
« en une triade de royaumes Austro-Hongro-Sla-
ves sur laquelle le pouvoir des Habsbourg eût
été mieux établi (1)». La constitution de ce nouveau royaume et l'annexion de la Serbie n'eus-
sent, d'autre part, été qu'un pas de plus dans la
marche de l'Autriche vers Salonique et la mer
Egée, but suprême de ses efforts, Ainsi eût été
réalisée l'hégémonie des Balkans au profit des
Habsbourg.

Ce réveil soudain, cette offensive inattendue,
lui sont, d'ailleurs, imposés, par les exigences
de sa récente évolution économique. L'Autriche,
restée jusqu'à la fin du XIXe siècle a peu près
uniquement occupée d'agriculture et de petite
industrie, s'est en effet transformée d'une façon
complète au cours de ces dernières années. Ses industries nouvelles (tissage, métallurgie, houille,
raffineries) peuvent déjà lutter avec les industries
occidentales similaires. Le réseau de ses voies
ferrées a subi un accroissement parallèle. Ainsi
devenue un état moderne, elle n'a pas tardé à connaître, à son tour, le fléau de la surproduction,
et à éprouver le besoin impérieux de débouchés
économiques. Le monde étant, par malheur, à
peu près partagé, elle a dû tourner vers les Balkans son activité colonisatrice. Sa première
tentative vient, paraît-il, de lui coûter 600 millions

(1) Cf. Victor BÉRARD. La Révolution turque, p. 307.

7

(1); encore, le résultat obtenu est-il, somme toute, médiocre. Du moins l'Autriche a fait l'épreuve de sa force et de sa vitalité: on parle moins de son émiettement prochain, depuis que les derniers événements ont révélé ce qui restait en elle de vigueur et d'homogénéité.

Sous la poussée de besoins économiques grandissants, attendons-nous donc à la voir avancer encore dans la voie qu'elle s'est tracée.

Au reste, ces idées, bien faites pour déconcerter à première vue, ne sont que des hypothèses; elles ont été plus ou moins ouvertement exprimées au Parlement Autrichien quand la question de l'annexion y fut discutée. Nous en trouvons aussi l'expression, cette fois tout à fait cynique, dans un journal militaire, la « *Danzers-Armée-Zeitung* ». Certes, il ne s'agit pas, en l'espèce, d'un organe officieux. Mais, dans un pays où la presse est loin d'être libre (2, il est tout au moins symptomatique de voir un journal poursuivre plusieurs années de suite, en toute liberté, une campagne d'une nature et d'une violence que quelques citations permettront d'apprécier.

Dès 1905 (3), la « *Danzers-Armée-Zeitung* »,

(1) Paiement de l'indemnité turque, armements, boycottage des marchandises autrichiennes en Turquie, etc...

(2) Le silence qu'elle a gardé au sujet du procès d'Agram en est une preuve, ainsi que le mystère qui a constamment entouré, au moment de la crise, les armements autrichiens.

(3) Articles cités dans la Revue des Questions Diplomatiques et Coloniales du 16 février 1909.

attirait l'attention de ses lecteurs sur l'importance économique de la Macédoine et de Salonique, préconisait une descente autrichienne dans
ce pays, en étudiait l'organisation, déclarait qu'elle ne pouvait se faire qu'à travers la Serbie, sauf
« explication préliminaire, » avec cette puissance, et prévoyait la constitution « d'un état jou-
« go-slave puissant, qui embrasserait la Croa-
« tie, la Slavonie, la Dalmatie, la Bosnie-Her-
« zégovine, le Monténégro, la Vieille-Serbie et la
« Serbie. Ce serait, ajoutait-elle, un pas en avant
« dans le développement historique qui tend
« à unir les peuples de même langue...Il serait
« possible que le dualisme de la monarchie cédât
« alors la place à de nouvelles formes constitu-
« tionnelles. »

Le 5 novembre 1908, le même journal insé-
rait un article plus explicite encore :

« Le conflit avec la Serbie et le Monténégro,
« vu l'état de choses actuel, se présente comme
« inévitable, et, plus tard il arrivera, plus cher
« il nous coûtera en matériel de guerre et en
« sang.... Nous ne pouvons pas déposer les ar-
« mes avant que la pomme de discorde ait dis-
« paru, c'est-à-dire avant que nous ayons l'hé-
« gémonie complète dans les Balkans .

« Pour arriver à ce but, nous avons besoin
« d'une entente avec la Turquie, qui, à tout prix,
« doit devenir notre amie, une amie flexible et
« dépendante. La recette pour arriver à ce ré-

« sultat serait un soutien financier en grand sty-
« le et la garantie de l'intégrité ottomane contre
« qui que ce soit... Et ceci ne pourrait se faire
« qu'à la condition que nous devenions les voisins
« immédiats de la Turquie sur un front beaucoup
« plus large. Mais nous ne pouvons nous instal-
« ler à la frontière de la Macédoine qu'après la
« disparition définitive de la Serbie et du Monté-
« négro. En conséquence, non seulement nous ne
« devons point éviter le conflit avec ces deux
« pays, mais, au contraire, nous devons le dési-
« rer et l'accélérer.

« L'égoïsme brutal obtient seul, dans la po-
« litique, de grands résultats. Veut-elle être uti-
« le, une politique ne doit répudier aucun moyen.
« ... Le premier but à poursuivre pour assurer
« le développement de la monarchie est l'ins-
« tallation de notre hégémonie dans les Balkans,
« et celle-ci, réalisée, doit être suivie par une
« expansion vers l'Orient, laquelle nous appro-
« priera les peuples congénères de la Russie,
« après que nous serons devenus la grande Autri-
« che fédérale ».

Le 7 janvier 1909, nous lisons enfin :

« Le moment est arrivé. La guerre est inévita-
« ble... Forcés par les circonstances, nous al-
« lons étendre notre bras aussi dans la Serbie, et
« nous allons offrir à ce pays, tellement per-
« sécuté, l'opportunité de renaître et de mû-
« rir pour l'idée panserbe sous notre protectorat,

« de devenir la Grande-Serbie sous le spcetre
« des Habsbourg. »

Ces citations nous font connaître, il n'en faut
point douter, les sentiments des cercles dirigeants
de la monarchie, de cette fameuse camarilla de
la Hofburg, dont l'archiduc héritier est le chef,
et dont les ministères ne font qu'exécuter les
décisions. Elles ont donc une importance particulière. Elles expliquent l'acharnement déployé
par M. d'Aerenthal au cours de sa dernière campagne, et nous donnent le droit de rester scepti-
ques devant ses déclarations pacifiques actuelles.
Certes, l'Autriche a pu, depuis deux ans, se
convaincre qu'il est souvent difficile et toujours
onéreux de modifier à son profit la carte de l'Europe. Mais il serait puéril de croire, — parce
qu'elle l'affirme, — qu'elle a renoncé à jamais
à ces opérations de luxe. La vérité est qu'après
cette première étape, elle éprouve le besoin de
quelque repos. Aussi prétend-elle abandonner
le rêve salonicien, se désintéresser de ce qu'elle
appelle aujourd'hui « la prétendue question de
Macédoine » et appeler de ses vœux la naissance d'une confédération balkanique. Pendant
ce temps, elle prépare sa conquête future par une
infiltration économique savante; et, en dépit des
déclarations des cercles officiels, l'opinion publique turque continue à l'accuser d'avoir riposté
à la fois à la Russie et à l'Italie en favorisant
cette insurrection albanaise dont les tendances

séparatistes ne sont un secret pour personne, et
dont le succès aurait pu lui fournir peut-être le
prétexte d'un nouveau bond.

LES ARRIÈRE-PENSÉES ALLEMANDES.

Redoutons donc l'avenir; redoutons-le d'autant plus que l'Allemagne contribuera, peut-
être, à pousser son alliée à la conquête de la péninsule. Dès longtemps la politique du prince de
Bismarck a été de détourner de l'Europe Centrale l'attention de l'Autriche, de la dévier vers
l'Orient, et d'en faire, dans les Balkans et au-
delà, la sentinelle avancée du germanisme. Le
jeu de l'Allemagne est habile; elle ne peut que profiter du succès à demi-germanique d'une Autriche maîtresse des Balkans; mais, si l'Autriche,
vaincue, se désagrège sous la poussée de ses en-
nemis ou dans une révolte des races et des nationalités disparates qui la composent, l'Allemagne
est prête à réaliser sur ses ruines le rêve pan-
germaniste, qui, par delà Vienne, la conduirait
jusqu'à l'Adriatique.

CONCLUSION.

Ainsi, rancunes russes dans l'avenir, et dès
aujourd'hui, ambitions allemandes et autrichiennes, projets vagues d'une confédération balkanique prématurée, et qui risquerait, en mettant
trop tôt en contact les passions, les intérêts et
les rivalités actuelles, d'anéantir à jamais tout
espoir d'une union future; dans la péninsule même, instabilité turque, révolution grecque, agitation crétoise et réveil toujours possible de la
question macédonienne, tout conspire contre l'é-
tablissement d'une paix durable dans les Balkans. L'effervescence serbe peut aussi y avoir
son lendemain. A Belgrade, elle a été difficile à
calmer. La dynastie des Karageorgewitch, écra-
sée par sa défaite et poursuivie par la rancune de
l'Autriche, a eu à lutter pendant plusieurs semaines contre une opinion publique frémissante, et
la tourmente qui avait déjà balayé le prince héritier, a failli ne point épargner le roi Pierre. Déjà
des candidatures se dressaient; le nouveau tzar
des Bulgares songeait, peut-être, à réunir sous

un sceptre unique la Bulgarie et la Serbie; on parlait d'envoyer régner à Belgrade un prince de race allemande ou scandinave, et l'on avait déjà prononcé le nom d'un candidat anglais. Le peuple serbe, le plus léger des peuples slaves, n'est pas, il est vrai, capable de persévérer dans un long effort. Il n'a pas tardé, on devait s'y attendre, à écouter la voix de ses Jeunes-Radicaux, qui lui conseillaient l'acceptation du fait accompli, et à retomber dans ses dissensions intérieures. Pourtant, l'Europe, dont il est la sentinelle contre la poussée autrichienne, saura sans doute faire de ce petit état « une marche balkanique », et y entretenir, pour des occasions meilleures, le souvenir de la défaite et l'espoir de la revanche.

Pendant ce temps, l'Autriche en a entrepris sans retard l'assimilation économique. La voici dans la place. Si elle veut continuer ses conquêtes, si elle se croit en état de braver une fois de plus l'Europe, l'occasion ne lui manquera donc pas de susciter un conflit.

Mais, dans l'hypothèse même d'une défaillance turque, l'Autriche, prise d'ailleurs à revers par l'Europe, trouvera encore sur le chemin de Salonique un nouvel adversaire, son complice de 1908, le tzar de Bulgarie.

C'est une physionomie aujourd'hui singulièrement en vedette que celle de ce prince, dernier venu parmi les souverains de la vieille Europe, et qu'une double origine, à la fois latine et germani-

que, semble avoir fait bénéficier du génie réuni
de ces deux races. Ferdinand de Bulgarie presque ignoré naguère, apparaît peut-être maintenant comme l'homme d'état le plus remarquable
qu'ait révélé la dernière crise balkanique. Sa
haute intelligence, son sens aigu du réel et du
possible, sa volonté froide, tenace et persévéran-
te l'ont réellement dominée tout entière.

Son labeur antérieur, pour être passé plus ina-
perçu, n'en a pas été moins fécond. Arrivé en
inconnu dans la principauté dont un hasard
l'avait fait souverain, il a su en quelques années
transformer ce peuple à demi barbare et si profondément divisé en une nation moderne dont
il est parvenu à développer parallèlement la richesse économique et la puissance militaire.

L'émancipation bulgare n'a été que la première récompense de son long effort. « Les re-
« commencements de l'histoire, nous dit un écri-
« vain-diplomate (1), ont ramené un tzar bulga-
« re sur les crêtes du Rhodope, de nouveau at-
« tentif, dangereux, comme il y a mille ans.

« L'indépendance qu'il vient de conquérir sur
« son territoire borné ne peut être pour lui,
« qu'une étape, et le dernier accord, une trêve.
« Des frères de race l'appellent, qui attendent im-
« patiemment leur réunion au jeune royaume,
« dans ces vallées de la Struma, du Kara-Sou, de

______

(1) Vᵗᵉ E.-M. de Vogüé. *Les Routes.*

« la Maritza, où il peut jeter en quelques jours
« cent cinquante mille hommes des meilleures
« troupes qu'il y ait et des mieux pourvues en ar-
« tillerie ».

L'avenir est donc, de ce côté encore assez in-
quiétant. Soit par Salonique, si merveilleusement
placée pour draîner à son profit le commerce
de l'Orient, soit même par Constantinople, que
sa jeune audace a déjà espérée, la Bulgarie paraît décidée à chercher un jour, en dépit des
menaces austro-roumaines, un débouché médi-
terranéen.

Au reste, si la réorganisation jeune-turque, qui
semble actuellement en bonne voie, venait à
sombrer définitivement devant quelque obstacle
imprévu, l'Europe se rallierait sans doute avec
sympathie à la solution bulgare de la crise balkanique. La menace austro-allemande serait ainsi écartée, et l'équilibre européen sauvegardé une
fois encore.

Quoi qu'il en soit, la situation actuelle,
qui laisse la question d'Orient planer à
nouveau comme une menace sur l'Europe
du XXe siècle, est bien faite, pour nous
rappeler, s'il en est besoin que, plus que
jamais, la force prime aujourd'hui le droit. « Les
traités valent ce que valent les armées ». Canons
et cuirassés sont les seuls arguments juridiques
dont le cours ne subit aucune fluctuation; et
l'idéal d'un peuple est condamné, dès que fai-

blit sa vigueur matérielle. « Puissent la Russie,
« ses alliés et ses amis, apprendre une fois de
« plus, par un verdict qui n'est pas, d'ailleurs,
« sans appel, qu'on ne s'incline devant le droit
« que s'il a l'épée à la main (1) ».

Nîmes, 8 août 1910.

(1) Le *Temps* du 29 mars 1900.

BIBLIOGRAPHIE

Elisée Reclus. — Géographie universelle, l'Europe Méridionale.

A. de Lapparent. Leçons de géographie physique.

A. de Lapparent. — Traité de géologie.

G. Malleterre. — Précis de géographie générale.

Schrader et Gallouedec. — Géographie de l'Europe.

Vidal de la Blache et Camena d'Almeida. — L'Europe.

Victor Bérard. — La Révolution Turque.

Bertrand Auérbach. — Les races et les nationalités en Autriche-Hongrie.

André Cheradame. — L'Allemagne, la France et la question d'Autriche.

René Moulin. — Une année de politique extérieure.

G. L. Jaray. — Les questions actuelles de politique étrangère en Europe.

René Pinon. — L'Empire de la Méditerranée.

G. Hanotaux. — Histoire de la France contemporaine.

Lavisse et Rambaud. — Histoire générale du IV° siècle à nos jours.

Driault. — La question d'Orient depuis ses origines jusqu'à nos jours.

Vte E.-M. de Vogüé. — Les Routes.

Capitaine Georges Guidon. — Introduction à une étude générale de la question d'Orient (Chapelot).

Revue des Questions Diplomatiques et Coloniales (1908-1909-1910 passim).

Revue des Deux Mondes (1908-1909-1910 passim).
Revue de Paris (1908-1909-1910 passim).
Revue Hebdomadaire (1908-1909-1910 passim).
L'Opinion (1908-1909-1910 passim).
Le Mois Colonial et Maritime (Revue des questions extérieures) (1909-1910 passim).
Revue Bleue (1909-1910 passim).
Journaux Quotidiens :
Le Temps (1908-1909-1910 passim).
Le Journal des Débats (1908-1909-1910 passim).

TABLE DES MATIÈRES

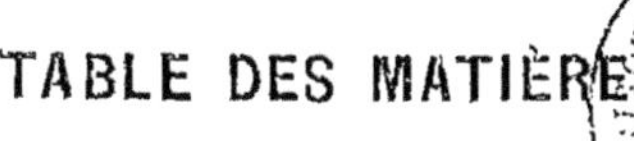

Angoulême — Imp. Militaire L. Coquemard et Cie